Meinen zwei Söhnen gewidmet.

Publiziert mit freundlicher Unterstützung durch:

© Th. Gut Verlag, Zürich 2022
Ein Verlag der Lesestoff-Gruppe
Gestaltung: www.as-grafik.ch, Urs Bolz
Projektleitung/Lektorat: Th. Gut Verlag, Julie Hitz
Korrektorat: Th. Gut Verlag, Wai-Sim Linde
ISBN 978-3-85717-292-2
Alle Rechte vorbehalten.

Besuchen Sie uns im Internet: www.gutverlag.ch

Der Th. Gut Verlag wird vom Bundesamt für Kultur
für die Jahre 2021–2024 unterstützt

Frisch, Fussball und Fabriken

Benedikt Widmer

Die bewegte Vergangenheit des Zürcher Blüemliquartiers

Fotografischer Rundgang
durchs Quartier von Urs Bolz

Th. Gut Verlag

Ein Quartier, so weit wie die ganze Welt

Liebe Leserin, lieber Leser

Das Blüemliquartier im Letzigebiet trägt mit Sicherheit den anmutigsten Namen aller Zürcher Quartiere. Strassennamen wie Schneeglöggliweg, Edelweissstrasse oder Gladiolenweg lassen einen von Wiesen und Weiden träumen. Dank Begegnungszonen und Einfamilienhäusern mit kleinen Vorgärten vergisst man vor Ort fast, dass das Stadtzentrum nur wenige Minuten entfernt ist.

Doch die idyllischen Strassennamen sollten nicht darüber hinwegtäuschen, dass das beschauliche Quartier zwischen Sportplatz Utogrund und Stadion Letzigrund eine sehr bewegte Geschichte hat. In 16 Kapiteln fördert der Autor Benedikt Widmer unterhaltsame, erstaunliche, bewegende und spannende Geschichten über das Quartier zutage. Vorgestellt werden Persönlichkeiten, die im Quartier aufgewachsen sind oder es geprägt haben, Unternehmen, die hier gross wurden, und historische Ereignisse, die weit über das kleine Gebiet von nur gerade mal 300 auf 500 Meter hinausweisen.

So fand hier etwa im Kleinen Weltpolitik statt, als 1920 auf dem Utogrund die deutsche Fussballnationalmannschaft zu einem Länderspiel empfangen wurde, obwohl Deutschland zu jener Zeit als Kriegsverlierer international isoliert wurde. Oder es zeigten sich die langen Ausläufer der kolonialen Weltordnung, als 1925 im Letzigraben eine rassistische Völkerschau Tausende Besucherinnen und Besucher anlockte.

Auch die Entwicklung der Zürcher Siedlungs- und Verkehrsplanung lässt sich an diesem Quartier ablesen – der Autor berichtet von den ersten Zürcher Hochhäusern, dem gescheiterten Plan einer U-Bahn und der ersten Begegnungszone der Stadt, die auf Anregung von Anwohnenden entstand.

Benedikt Widmer beschreibt das Blüemliquartier so: «Ein kleiner Fleck Erde, aber ein grosses Stück Leben». Ich finde: Das trifft es haargenau. In diesem Buch gibt es viel zu entdecken, nicht nur über das Quartier, sondern über unsere Stadt und die Welt insgesamt. Lassen Sie sich überraschen!

Ich wünsche Ihnen viel Vergnügen beim Lesen.

Corine Mauch
Stadtpräsidentin

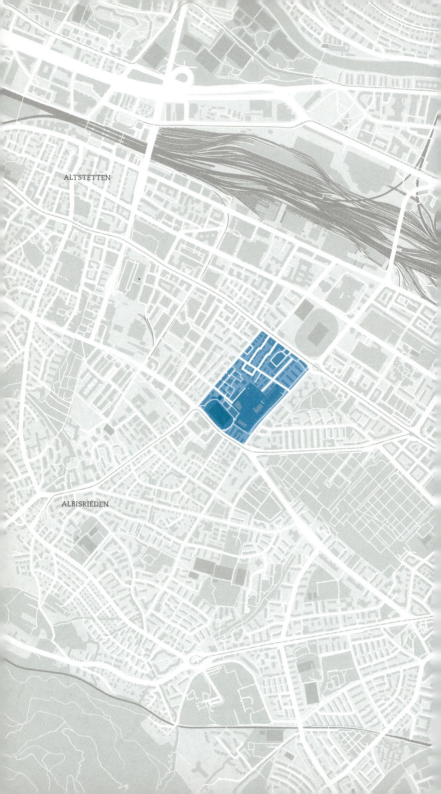

Inhalt

1 Max Frisch und Bertolt Brecht in der Letzibadi 49
2 30 Revolverschüsse an der Tramhaltestelle 55
3 Der Brand vom Letzigrund 61
4 Der letzte Tote am Stadtgalgen 65
5 Die Raser von der Edelweissstrasse 69
6 «Drauf bog er um den Albisrank» 75
7 Zwei Tote im Menschenzoo 79
8 Grüneisens Triumph im Blüemliquartier 85
9 Die kühne Idee einer U-Bahn 91
10 Warum der Cyklamenweg einst Maierisliweg hiess 95
11 Vom Schneeglöggliweg in die Luxuswelt 99
12 «Heureka» im Hinterhof 103
13 Als ein Chauffeur sein Tram verlor 107
14 Der erste Alpenkräuter-Magenbitter der Schweiz 113
15 Deutschland im Utogrund chancenlos 119
16 Die kleine Ferrari-Werkstatt mit Weltruhm 125

Anhang

Quellennachweis 132

Bildnachweis 139

Der Autor 140

Die bewegte Vergangenheit des Zürcher Blüemliquartiers

Max Frisch erklärt beim Besuch der Schwimmbadbaustelle am Letzigraben die Konstruktion des Springturms.

EDELWEISSSTRASSE 5 · DENNLERSTRASSE 43

Max Frisch mit Bertolt Brecht auf dem Sprungbrett

Das bekannte Bild von der Baustelle der Letzibadi 1948

Die Fotografie ist berühmt geworden: Max Frisch und Bertolt Brecht, zwei der bedeutendsten deutschsprachigen Schriftsteller des 20. Jahrhunderts, vereint auf einem Bild. Frisch, in Anzug und Krawatte, scheint Brecht etwas Wichtiges zu erklären. Doch für einmal geht es nicht ums Schreiben, sondern ums Bauen. Die Fotografie entstand am 11. Juni 1948 auf der Baustelle der Badeanlage Letzigraben – auf dem ersten 10-Meter-Sprungbrett der Schweiz.

Was viele nicht wissen: Der Literat Max Frisch hatte Architektur studiert. Kurz nach seinem Diplom an der ETH Zürich gewann er 1943 den Architekturwettbewerb der Stadt Zürich für den Bau des Quartierbads Letzigraben. Der Baubeginn wurde allerdings bis August 1947 hinausgeschoben, da es während des Krieges an Arbeitskräften und Zement mangelte. Im Juni 1949 schliesslich konnte das Freibad eröffnet werden. Frisch schrieb in sein Tagebuch: «Die Rasen sind voll von Menschen, halb nackt und halb bunt, und es ist etwas wie ein wirkliches

Fest; ein paar alte Leutchen, die natürlich nicht baden, bewundern die vielen Blumen, und der Pavillon mit den blauweissen Stores, der auf dem Galgenhügel steht, hat stürmischen Betrieb. Noch wird alles, bevor es benutzt wird, wie ein neues Spielzeug betrachtet; nur die Kinder planschen drauflos, als wäre es immer so gewesen.»

Frisch konzipierte auf dem 3,5 Hektar grossen Gelände eine Gruppe von Gebäuden und vier Schwimmbecken, sanft eingebettet zwischen Bäumen und Sträuchern. Auf dem höchsten Punkt der Parkanlage befindet sich ein zauberhafter, achteckiger Pavillon mit einem Kiosk – der Geist der Landesausstellung von 1939 ist hier noch spürbar. Die Badeanlage steht heute unter Denkmalschutz.

Bertolt Brecht war nach dem Zweiten Weltkrieg aus dem amerikanischen Exil nach Zürich gekommen. Hier lernten sich die beiden Schriftsteller kennen. Brecht blieb ein ganzes Jahr, doch zur Heimat wurde ihm die Schweiz nie. Das berühmte Bild entstand, als Max Frisch den deutschen Dramatiker im Sommer 1948 durch den Rohbau seines Bauwerks führte. Die beiden Männer stiegen auf den neuen Sprungturm, um sich in luftiger Höhe einen Überblick über die imposante Badeanlage zu verschaffen. Frisch, der Dichter-Architekt, notierte danach in sein Tagebuch: «Von allen, die ich bisher durch die Bauten geführt habe, ist Brecht der weitaus dankbarste, wissbegierig, ein Könner im Fragen. [...] Über zwei Stunden stapfen wir umher, hinauf und hinunter, hinein und hinaus, rundherum [...].» Als Frisch dem deutschen Gast neben der Badeanlage auch beispielhafte Arbeitersiedlungen in der Stadt zeigte, soll Brecht genörgelt haben: «In der Schweiz erstickt man den Sozialismus im Komfort.» Frischs viel zitierter Kommentar dazu lautete später: «Brecht denkt so unerbittlich, weil er vieles unerbittlich nicht denkt.»

Die weitläufige Badeanlage nach der Eröffnung 1949.

Das Freibad Letzigraben wurde schliesslich zu Max Frischs bedeutendstem Bau und ermöglichte ihm die Eröffnung eines eigenen Architekturbüros. Insgesamt entwarf er ein gutes Dutzend Bauwerke, von denen neben dem Freibad jedoch nur zwei Einfamilienhäuser realisiert wurden. Frisch arbeitete als Architekt meistens nur am Vormittag. Einen grossen Teil seiner Zeit widmete er der Schriftstellerei. 1954 gelang ihm mit dem Roman «Stiller» der internationale Durchbruch. Anschliessend löste Frisch sein Architekturbüro auf.

Die ersten Hochhäuser der Stadt Zürich 1952

In Zürich waren Häuser mit mehr als sechs Stockwerken lange Zeit verboten, weil die Leitern der Feuerwehr nicht weiter hinaufreichten. Das änderte sich in den 1950er-Jahren: Die ersten beiden Hochhäuser der Stadt stehen im Quartier – an der Ecke Letzigraben/Badenerstrasse, nahe beim Freibad Letzigraben. Die zwei Turmhäuser mit Y-förmigem Grundriss sind 35 Meter hoch, haben zwölf Stockwerke und wurden 1952 vom damaligen Stadtbaumeister Albert H. Steiner erbaut. Max Frisch war begeistert, als er von einem USA-Aufenthalt zurückkam: «Mit Freude steht der Heimkehrende vor den ersten zürcherischen Hochhäusern; auch wenn man nicht sagen kann, dass sie ragen, so zeigen sie doch bereits, wieviel Himmel es noch gäbe auch über der Schweiz, wenn wir uns nicht ducken würden», schrieb er. Die Hochhäuser der Siedlung Heiligfeld waren der Auftakt zu einer wahren Hochhaus-Euphorie in der Stadt Zürich.

Die Heiligfeld-Hochhäuser 1956.

Arbeiter der Motorwagenfabrik Arbenz.

VERZWEIGUNG BADENER-/DENNLERSTRASSE

30 Revolverschüsse an der Tramhaltestelle

Der gewaltsame Arbenz-Streik von 1906

Um die Jahrhundertwende entwickelte sich das Bauerndorf Albisrieden zu einer Industriegemeinde, in der sich zahlreiche Fabriken ansiedelten. Die grösste war die Lastwagenfabrik Arbenz, die sich auf dem heutigen James-Areal befand.

Am 15. Juni 1906 traten hier 76 Metallarbeiter in den Streik. Die Firma Arbenz war seit der Gründung 1904 rasch gewachsen und erfolgreich. Die Reallöhne wurden aber nicht gebührend angepasst. Die Arbeiter forderten zehn Prozent mehr Lohn, die Wiedereinstellung eines geschassten Mitarbeiters sowie die Entlassung von zwei Werkmeistern.

Die ersten Tage verliefen noch ruhig. Die Streikenden belagerten nur in kleinen Gruppen die Fabrik. Als jedoch der junge Firmeninhaber Eugen Arbenz zwei Wochen später alle Streikenden entliess und per Zeitungsannoncen 100 neue Arbeiter suchte, eskalierte der Arbeitskampf. Am 27. Juni 1906 demonstrierten 600 Arbeiter vor der Fabrik. Die Werkmeister und Streikbrecher, welche nach Feierabend die Arbeit verliessen, wurden von den Demonstranten mit Kot und Steinen beworfen, massiv eingeschüchtert und verfolgt. Die Polizei rückte mit 40

Mann aus. Fünf Tage später trafen Steine das Auto des unnachgiebigen Firmeninhabers. Zwei Personen wurden daraufhin verhaftet. Der Kanton Zürich versetzte militärische Einheiten in Alarmbereitschaft.

Die Streikenden waren auch den Bauern im Dorf Albisrieden ein Dorn im Auge. Sie wollten Ruhe und Ordnung und hatten kein Verständnis für die Anliegen der Fabrikarbeiter. Am 16. Juli 1906 kam es im Quartier schliesslich zu Gewalttätigkeiten zwischen Arbeitern und den zu einer Bürgerwehr zusammengerotteten Bauern. Am Abend zogen 30 bis 40 Streikende vor die Fabrik, um auf die knapp 50 Streikbrecher zu warten. Inzwischen hatten sich auch viele Albisrieder Bauern auf dem Platz versammelt. Sie wurden von den Arbeitern mit beleidigenden Begriffen wie «Bauernlümmel» überhäuft und bedroht. Es kam zu ersten gewaltsamen Auseinandersetzungen. Die Zürcher Wochenchronik schrieb: «Die heissblütigen Arbeiter wurden von den Albisriedern wacker durchgeprügelt.»

Wenig später verbreitete sich die Nachricht, dass aus Altstetten ein Zug von mehreren hundert Arbeitern im Anmarsch sei. Eine Gruppe von Schlossern und Mechanikern wollte den Streikenden zu Hilfe eilen. Jetzt bereiteten sich die Albisrieder Bauern auf einen grossen Kampf vor und bewaffneten sich mit Dreschflegeln, Sensen, Hacken, Knütteln und Munischwänzen. Zur Massenschlägerei kam es dann an der Ecke Badener-/Dennlerstrasse, direkt bei der heutigen Tramhaltestelle Freihofstrasse, die damals noch Station Dennlerstrasse hiess, weil es die Freihofstrasse noch gar nicht gab. Einige Arbeiter gerieten in die Gewalt der Bauern und wurden «durchgebläut», wie die NZZ schrieb. Es fielen auch etwa 30 Revolverschüsse, wobei umstritten blieb, ob sie scharf waren und wer sie abgefeuert hatte. Die Polizei war schnell vor Ort und nahm 32 Arbeiter der «Albisrieder Revolution» fest.

Oben: Polizisten beschützten Streikbrecher.
Unten: Militär in Alarmbereitschaft.

In der Folge kam es im angrenzenden Stadtquartier Aussersihl, der Hochburg der Zürcher Arbeiterbewegung, zu regelrechten Aufständen der Arbeiterschaft. Am 19. Juli bot der Regierungsrat 2500 Mann Infanterie und 111 Kavalleristen aus der Zürcher Landschaft auf. Am 5. September 1906 wurde der Arbenz-Streik schliesslich erfolglos abgebrochen – nur zwei Streikende wurden vom Industriellen Eugen Arbenz wiedereingestellt. Der Streik sorgte in der ganzen Schweiz für Schlagzeilen.

13 Jahre später, im Herbst 1919, kam es bei Arbenz wieder zum Streik. Die Missstimmung der Arbeiterschaft richtete sich erneut gegen den Firmeninhaber. Auf dessen Villa im noblen Zürcher Seefeldquartier wurde sogar ein Handgranaten-Anschlag verübt. Die Aktion missglückte und konnte nie aufgeklärt werden.

Die Motorwagenfabrik Arbenz

Die Firma Arbenz war in den ersten beiden Jahrzehnten des 20. Jahrhunderts eine der wichtigsten Autofabriken in Zürich. Ingenieur Eugen Arbenz gründete den Betrieb in Albisrieden 1904. Zuerst produzierte er Personenwagen, später nur noch schwere Lastwagen. Aus der kleinen Fabrik wurde innerhalb weniger Jahre ein ganzer Komplex mit 1000 Arbeitern und Angestellten. Nach dem Ende des Ersten Weltkriegs war das Unternehmen aber dem Druck der ausländischen Konkurrenz nicht mehr gewachsen – wie die meisten anderen schweizerischen Automobilfabriken auch. Am 22. März 1922 ging die Motorwagenfabrik Arbenz in Liquidation.

Arbenz – eine der wichtigsten Autofabriken in Zürich.

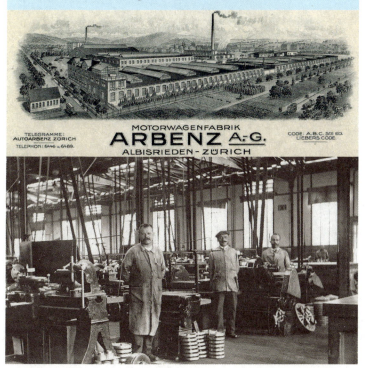

Fussballer im Letzigrund vor der zerstörten Holztribüne.

BADENERSTRASSE 500

Der Brand vom Letzigrund

Als 1929 vor rauchenden Trümmern Fussball gespielt wurde

Es war noch früh am Sonntagmorgen, dem 3. November 1929, als der Platzwart beim Letzigrund-Stadion eintraf. In wenigen Stunden sollte hier das Cupspiel zwischen dem FC Zürich und dem FC Adliswil angepfiffen werden. Es war ruhig beim Sportplatz, weit ausserhalb der Stadt, direkt an der Grenze zu Altstetten. Doch die Idylle war trügerisch, der Abwart merkte sofort, dass etwas nicht stimmte. Vor allem roch er es. Der neue elektrische Boiler in der Garderobe hatte Feuer gefangen. Sofort alarmierte der Platzwart um 7.41 Uhr die städtische Feuerwehr. Doch es war schon zu spät. Als die Löschmannschaft wenige Minuten später eintraf, stand die grosse Holztribüne bereits in Flammen. Die Feuerwehr versuchte mit vier Wasserleitungen das Feuer zu löschen. Ohne Erfolg. Nach zehn Minuten brannte das Bauwerk lichterloh. Auch die herbeigeeilte Feuerwehr Altstetten konnte die Tribüne nicht mehr retten.

Das Letzigrund-Stadion mit der prunkvollen Holztribüne war erst vier Jahre zuvor, 1925, eingeweiht worden. Die Mitglieder des FC Zürich hatten in Fronarbeit grosse Teile des Sportplatzes «an der Herdern» selbst gebaut, vom benachbarten Kieswerk am Letzigraben hatten sie viel Material herbeigeschafft.

Der Tagesanzeiger würdigte die Holzkonstruktion damals als «Meisterwerk der Technik», die NZZ schrieb von «einer mächtigen gedeckten Tribüne für einige tausend Zuschauer». Neben den Garderoben gab es im Innern auch Platz für Buffets, Badeanlagen und ein Klubzimmer.

Nun war alles zerstört. Selbst die Träger aus schweren Eisenbalken mussten von der Feuerwehr umgerissen werden, um keine Menschenleben zu gefährden. Nur die gemauerten Teile der Tribüne überstanden das Inferno. Der Brand war schliesslich um 9 Uhr gelöscht.

Kaum hatte die Feuerwehr den Schadenplatz verlassen, fand um 10 Uhr wie vorgesehen das Spiel gegen den FC Adliswil statt. Was müssen die Zuschauer beim Anblick der zerstörten Tribüne für Augen gemacht haben! Einige Herren standen während der Partie direkt vor dem zerstörten Bauwerk am Seitenrand – im Sonntagsanzug und Hut, wie damals üblich. Der FCZ siegte vor rauchenden Trümmern scheinbar unbeirrt mit 12:1. Das Bild vom lodernden Letzigrund ging in die Sportgeschichte ein.

Durch den Brand geriet der damals stolze zweimalige Schweizer Fussball-Meister für Jahrzehnte in grosse finanzielle Schwierigkeiten. Der Gesamtschaden für den Verein wurde auf 50 000 Franken beziffert. Das Bauwerk war nur unzureichend versichert. Und mit dem Wiederaufbau der Tribüne mitten in der Weltwirtschaftskrise übernahm sich der Klub. 1935 musste er sein Stadion, neu mit Betontribüne, an die Stadt verkaufen.

Der Letzigrund als neue Heimstätte brachte dem FCZ auch sportlich über Jahre wenig Glück. Dreimal stieg der Verein in die zweithöchste Liga ab. Erst 1963 konnte auf dem Letzigrund der erste Meistertitel gefeiert werden, 38 lange Saisons nach der Fertigstellung der alten Holztribüne. Das war dann aber der Startschuss zur ganz grossen Zeit des Vereins aus dem Quartier. Unter der Regie von Köbi Kuhn stiess der FCZ 1964 im Europacup der Landesmeister sogar bis in den Halbfinal gegen Real Madrid vor. Im Anschluss holte der Klub innert weniger Jahre sieben Meistertitel und fünf Cupsiege.

Nazi-Flaggen im Letzigrund

Am 9. und 10. August 1941 führte die nationalsozialistische Auslandsorganisation «Deutsche Kolonie» im Letzigrund ein grosses Sportfest durch. Adolf Hitler befand sich zu jener Zeit auf dem Zenit seiner Macht. Wenige Wochen zuvor hatte die Wehrmacht die Sowjetunion überfallen. In der Stadt Zürich lebten damals rund 15 000 Deutsche, sie machten gut die Hälfte der ausländischen Stadtbevölkerung aus. Viele davon machten bei der «Deutsche Kolonie» mit – aus Begeisterung oder aus Rücksicht auf Verwandte im Deutschen Reich. Die Veranstaltung im Letzigrund war von der Stadtregierung bewilligt worden. Dass im Stadion Hakenkreuzfahnen wehten und die Zuschauer mit dem Hitlergruss salutierten, empörte viele Zürcherinnen und Zürcher. Die NSDAP wurde in der Schweiz erst wenige Tage vor dem Kriegsende 1945 verboten.

Hakenkreuze der «Deutschen Kolonie» auf der Aschenbahn im Letzigrund. Im Hintergrund ist das Restaurant Waid zu erkennen.

Das Hochgericht beim Letzigraben nach 1568.

EDELWEISSSTRASSE 5 · DENNLERSTRASSE 43

Der Galgen von Zürich

Wie Melchior Dürr 1810 als Letzter gehängt wurde

Da, wo heute die Kinder unter dem grossen japanischen Baum auf dem Badetuch sitzen, in der Letzibadi direkt neben dem Pavillon beim Planschbecken, stand einst der Stadtgalgen von Zürich. Er lag an höchster Stelle des Moränenhügels in der Flur «Gmeimeri» auf einem kleinen Plateau, damals noch weit ausserhalb der Stadt. Das Hochgericht von Zürich bestand aus einer Galgenkonstruktion mit gemauerten Pfeilern, die oben mit Holzbalken verbunden waren. An ihnen wurden die Leute aufgehängt. Daneben stand ein kleines Bethäuschen. Die Richtstätte lag gut sichtbar an der Wegverbindung nach Baden.

Melchior Dürr wurde hier als Letzter gehängt. Das Todesurteil wurde am 22. März 1810 vollstreckt, und das vor einer noch nie da gewesenen, beispiellosen Zahl an Zuschauern, die an Verpflegungsständen bewirtet werden mussten. Dürr bat vor der Hinrichtung, einen armengenössigen Menschen herbeizurufen, dem er seinen Rock als letztes Almosen übergeben konnte. Anschliessend wurde der 27-Jährige vom Scharfrichter gefesselt und mit verbundenen Augen zur Richtstätte geführt, wo man ihn von einer Leiter in den Strick fallen liess. Zuoberst am Galgen schrie Dürr: «Oh, ihr alle, wessen Religion ihr seyn möget, bethet für meine arme Seele ein Vaterunser.»

Die Hinrichtung durch den Strang galt als schimpflich und wurde meist bei Einbrechern und Räubern angewandt – so auch im Falle von Melchior Dürr. Der heimatlose Dürr gehörte einer Verbrecherbande an und war im Weininger Wald im Limmattal verhaftet worden. Die Obrigkeit konnte der Gruppe 81 Diebstähle und Einbrüche nachweisen. Dürr war bereits aktenkundig und schon früher zu Freiheitsstrafen verurteilt worden. Demensprechend hart fiel das Urteil des Malefizgerichts, des damaligen Strafgerichts von Zürich, aus.

Der Scharfrichter liess Melchior Dürr anschliessend drei Monate lang, bis zur vollständigen Verwesung, am Galgen hängen. Es muss ein schrecklicher Anblick gewesen sein – ein warnendes Beispiel für das Volk vor den Toren Zürichs. Anschliessend wurden die Überreste von Dürr, als wäre es der Kadaver eines Tieres, an Ort und Stelle verscharrt.

Das war die letzte Hinrichtung am Zürcher Galgen. 1831 wurde die Richtstätte von Sträflingen des Zuchthauses Oetenbach abgebrochen. Der Stadtgalgen war erstmals Ende des 14. Jahrhunderts erwähnt worden, insgesamt wurden auf dem Galgenhügel 270 Menschen erhängt.

Viel häufiger als durch den Strang wurden in Zürich Todesurteile durch Enthauptung mit dem Schwert vollstreckt. Diese Praxis wurde als ehrenhafter eingestuft. Wie der Galgen befand sich auch die sogenannte Hauptgrube fürs Köpfen nahe der Badenerstrasse, stadteinwärts auf der Höhe der heutigen Verzweigung zur Ankerstrasse. Mit der Abschaffung der Schwertstrafe wurde 1835 auch diese Hinrichtungsstätte aufgehoben.

Das letzte Todesurteil in Zürich wurde am 10. Mai 1865 mit der Guillotine in der Nähe des heutigen Limmatplatzes vor 15 000 Zuschauern vollzogen. 1869 wurde die Todesstrafe schliesslich verboten. Das Zürcher Stimmvolk hatte die neue Kantonsverfassung angenommen. Zürich war der erste Deutschschweizer Kanton, in dem die Todesstrafe abgeschafft wurde.

Bewegte Geschichte eines Hügels

Der Moränenhügel am Letzigraben war schon früh Anziehungspunkt für die Menschen. Die ältesten Siedlungsspuren stammen aus der Bronzezeit. Vor 3000 Jahren wurden in einer flachen Mulde am Fuss des Hügels zahlreiche Keramikscherben abgelagert. Jahrhunderte später errichteten hier römische Bauherren einen Gutshof mit stattlicher Villa. Das grosse Herrenhaus lag damals eine gute Wegstunde vom Vicus Turicum (Zürich) entfernt. Gemäss den Funden war die Villa vom 1. bis ins 4. Jahrhundert n. Chr. bewohnt. Der Galgenhügel war einst auch Schauplatz eines Krieges. Während der Zweiten Schlacht um Zürich im Jahr 1799 errichtete hier die russische Artillerie ihre Stellung mit Schützengraben.

So könnte die römische Villa am Letzigraben ausgesehen haben (1. bis ins 4. Jahrhundert).

Käthy Erdinger brachte das Blüemliquartier erst richtig zur Blüte.

EDELWEISSSTRASSE

Die Raser von der Edelweissstrasse

Der lange Kampf von Käthy Erdinger für weniger Verkehr

Die Edelweissstrasse ist heute eine ruhige Begegnungszone – auf halber Höhe mit mehreren Eisenpfosten in zwei Sackgassen unterteilt und nur für Velos und Mofas durchgängig befahrbar. Zwischen den Sackgassen befindet sich sogar eine kleine autofreie Zone, die von den Anwohnern liebevoll «Piazza» genannt wird.

Vor 1985 sah es hier noch ganz anders aus: Da war die Edelweissstrasse eine viel befahrene Durchgangsstrasse – eigentlich galt damals, wie überall innerorts, Tempo 60. Einige Autofahrer nutzten die schnurgerade Strasse als Schleichweg, um dem Verkehr auf der Badenerstrasse auszuweichen. «Unser Quartier ist vom Verkehr richtig vergewaltigt worden», erinnert sich die Anwohnerin Käthy Erdinger. «Lastwagen rasten mit hoher Geschwindigkeit durch die Edelweissstrasse.» Erdinger hatte sich Ende der 1970er-Jahre mit weiteren Anwohnerinnen und Anwohnern für eine Verkehrsberuhigung eingesetzt. «Bei Anlässen im Letzigrund und wenn das nahe Freibad geöffnet hatte,

Das versteckte Gisel-Haus im Blüemliquartier

Der Zürcher Ernst Gisel (1922–2021), einer der bedeutendsten Schweizer Architekten des 20. Jahrhunderts, hat auch im Blüemliquartier seine Spuren hinterlassen. Das Haus an der Edelweissstrasse 42 wurde von Gisel in den Jahren 1962/1963 umgebaut und ist seither ein architektonisches Bijou. Die reformierte Kirchgemeinde von Altstetten hatte den Hausteil als Pfarrhaus gekauft, beauftragte den damals 40-jährigen Gisel für den Umbau und gewährte hierzu einen Nachtragskredit von 215 000 Franken. Das Gebäude diente der Kirche während 40 Jahren als Pfarramt – 2004 wurde das Haus verkauft.

Von der Edelweissstrasse aus entdeckt man das Gisel-Haus erst auf den zweiten Blick. Vorne an der Edelweissstrasse steht das stark mit Pflanzen überwachsene Gebäude mit der Hausnummer 40, der Hausteil dahinter mit Anbau ist der Gisel-Bau. Ernst Gisel machte sich vor allem mit Wohn-, Schul- und Sakralbauten im deutschsprachigen Raum einen Namen. Er leistete einen immens wichtigen Beitrag zur Weiterentwicklung der modernen Architektur. Als Gisels erster grosser Wurf gilt das Parktheater in Grenchen (1955). In Berlin baute er die riesige Wohnanlage im Märkischen Viertel (1971), in Zürich unter anderem die bekannte Stadelhofer Passage (1984).

Das architektonische Bijou.

war hier alles mit Autos verstellt, auch die Seitenwege», erzählt sie. War die Fahrbahn wegen parkierter Autos fürs Kreuzen zu schmal, wichen viele einfach aufs Trottoir aus.

1978 informierten Erdinger und weitere Anwohnerinnen die Stadt Zürich über diese Missstände und im Blüemliquartier wurden eifrig Unterschriften für «eine wohnliche Zone ohne Durchgangsverkehr im Gebiet der Edelweissstrasse, Campanella- und Cyklamenweg» gesammelt. Im Oktober 1978 ergaben Verkehrszählungen der Polizei bei der Einmündung der Edelweissstrasse in den Letzigraben eine tägliche Frequenz von über 1200 Fahrzeugen. Hochgerechnet also fast jede Minute ein Auto – Tag und Nacht. Erdinger: «Für die Edelweissstrasse haben wir einen Riegel gefordert, weil Verbotstafeln allein nicht beachtet würden. Auch verlangten wir, dass gleichzeitig der Cyklamen- und der Campanellaweg gesperrt werden, um einen Kreiselverkehr von Parkplatzsuchern zu verhindern.» Im Juni 1980 wurden die Verkehrsberuhigungsmassnahmen ausgeschrieben. Es kam zu Kritik und Einsprachen. Der Riegel in der Edelweissstrasse konnte erst im November 1985 gebaut werden, weil Rekurse bis zum Bundesrat weitergezogen worden waren. 1987 schliesslich wurden auch die Seitenstrassen Cyklamenweg und Campanellaweg mit Eisenpfosten von der Badenerstrasse abgesperrt – dank grosser Unterstützung von Stadtrat Ruedi Aeschbacher.

Endlich war die jahrelang ersehnte «Oase der Ruhe» erreicht. Erdinger hatte das Blüemliquartier erst richtig zur Blüte gebracht. Die Erleichterung war bei vielen im Quartier gross. Wie Tag und Nacht sei die Wirkung der Beruhigung, meinte ein Anwohner damals in den Neuen Zürcher Nachrichten. Doch mit der Wohnstrasse kam es im Quartier zu neuen Problemen. Weil der Verkehrslärm verschwunden war, fühlten sich einige Leute plötzlich durch das laute Kindergeschrei auf den Strassen belästigt.

Die Absperrungen von 1985 und 1987 waren erst der Auftakt zu einer ganzen Reihe von Verkehrsberuhigungsmassnahmen.

Gut zehn Jahre später wurde im Blüemliquartier Tempo 30 eingeführt. Im November 2005 wurde das Quartier schliesslich zur ersten Begegnungszone der Stadt Zürich (Tempo 20), die auf Initiative von Anwohnerinnen und Anwohnern umgesetzt wurde.

Käthy Erdinger vom Gladiolenweg kämpfte während Jahrzehnten für mehr Wohn- und Lebensqualität im Quartier. 1988 verlangte sie mit einer Einzelinitiative bei der Stadt, dass das Blüemliquartier der Kernzone zugeteilt wird. Mit Erfolg – 1992 nahm das Zürcher Stimmvolk die neue Bau- und Zonenordnung (BZO) an. Seither gilt das Quartier als schützenswert. Die Bausubstanz und der spezielle Quartiercharakter konnten erhalten bleiben.

Die Edelweissstrasse (rechts unten) war früher eine breite Durchgangsstrasse.

Die jodelnden Schildwachen.

Am Utliberg im Züribiet
Da steht ein Pulverturm im Riet;
Herr Cavaluzzi, der Major,
Pflanzte drei Mann als Wacht davor.
„Hier bleibt ihr stehn, ihr Sakerlott!
Und daß sich keiner muckst und rob't!
Sonst — Strahl und Hagel — gibt's etwas!
Verstanden? — Also: Merkt euch das."

Drauf bog er um den Albisrank,
Wo er ein Tröpflein Roten trank.
Ein Schöpplein schöpft' er oder zwei,
Da weckt ihn eine Melodei.
Dreistimmig wie ein Engelchor
Scholl's hinterm Pulverturm hervor.
Da half kein Zweifeln: Das ist klar!
Die Schildwach jodelte fürwahr.
Wer galoppiert jetzt ventre à terre
Wie Blitz und Strahl vom Albis her?
„Vor allem haltet dieses fest:
Drei Tage jeder in Arrest!
Ja wohl! Das käm' mir just noch recht!
Um eines aber bitt' ich, sprecht,
Wie diese Frechheit euch gelingt,
Daß einer auf dem Posten singt?"

Da sprach der Erste: „Kommandant!
Dort unten liegt mein Heimatland.
Ich schütz' es mit der Flinte mein.
Wie sollt' ich da nicht lustig sein!"

Der Zweite sprach: „Herr Cavaluz'!
Seht ihr das Rathaus dort am Stutz?
Dort wähl' ich meine sieben Herrn.
Drum dien' ich froh, drum leist' ich gern.
Der Dritte sprach: „Ich halt' als Norm:
's ist eine Freud, die Uniform.
's ist eine mutige Mannespflicht.
Da muß man jauchzen. — — Oder nicht?
Der Junker schrie: „Zum Teufel hin!
Die erste Pflicht heißt Disziplin! —
Ihr Lauser! Wart'! Euch krieg' ich schon
Glaubt mir's!" Und wetterte davon.

Am selbigen Abend spät indes
Meint' Oberst Lafont in der Mess':
„Was Kuckucks hat nur der Major?
Er kommt mir heut ganz närrisch vor!
Singt, pfeift und möggt in seinen Bart.
Das ist doch sonst nicht seine Art."
Der Cavaluzzi hörte das,
Sprang auf den Stuhl und hob sein Glas
„Mein lieber Vetter Ferdinand,
Stadtrat und Oberst zubenannt!
Wenn einer kommt und hat die Ehr'
Und dient in solchem Militär
Von wetterfestem Bürgerholz —
Gesteift von Trotz, gestählt von Stolz —
Lausketzer, die man büßen muß,
Weil ihnen schildern ein Genuß, —
  Mannschaften, wo der letzte Hund
  Hat ein Ideal im Hintergrund —
  Komm her beim Styx! Stoß an beim Eid!—
  Wer da nicht mitmöggt, tut mir leid."

Carl Spitteler.

Die Ballade «Die jodelnden Schildwachen» erschien 1894.

EDELWEISSSTRASSE 5 UND ALBISRANK

«Drauf bog er um den Albisrank»

Carl Spitteler und das Quartier in der Dichtung 1894

«Am Uetliberg im Züribiet, da steht ein Pulverturm im Riet», so beginnt das Gedicht «Die jodelnden Schildwachen» des Schweizer Schriftstellers Carl Spitteler. Der einzige Schweizer Nobelpreisträger für Literatur Spitteler schrieb die Ballade 1894 – der Text erschien erstmals in der Monatsschrift Schweizerische Rundschau. Während Jahrzehnten wurde das patriotische Gedicht an Schweizer Schulen gelehrt, unzählige Schülerinnen und Schüler hatten die populären Zeilen bis in die 1960er-Jahre auswendig zu lernen.

Die Handlung der Ballade spielt sich am Letzigraben ab. Die Gegend am Stadtrand von Zürich war zu jener Zeit noch nicht bewohnt, das Gebiet (damals Galgenäcker genannt) bestand nur aus Feldern und Wiesen. Einsam stand im Gelände einzig das von Spitteler beschriebene Pulvermagazin, an der Stelle zwischen dem heutigen Pavillon und dem grossen Schwimmbecken in der Badeanstalt Letzigraben. Im ersten Entwurf von «Die jodelnden Schildwachen» schrieb Spitteler noch von einem «Häuschen», und nicht vom «Pulverturm» – denn in Wirklichkeit gab es auch keinen Turm. Auf alten Fotografien wirkt das Pulverhaus düster, es war umgeben von Pappeln und einer mächtigen, vier Meter hohen Mauer. Errichtet wurde es 1838. Es versah seinen Dienst bis um die Jahrhundertwende. 1947 wurde es dann beim Bau der Badi abgebrochen.

Hauptakteur im Gedicht «Die jodelnden Schildwachen» ist ein Major Cavaluzzi (in späteren Versionen auch Pestalozzi). In der zweiten Strophe befiehlt er drei Soldaten, den «Pulverturm» zu bewachen. In der dritten Strophe verlässt er vorübergehend den Schauplatz. Es heisst: «Drauf bog er um den Albisrank, wo er ein Tröpflein Roten trank.» Wenn man die Siegfried-Karte von Zürich von 1885 betrachtet, kann Cavaluzzi nur einen Weg durchs Quartier gewählt haben. Zuerst musste er auf dem kleinen Feldweg zurück zum Letzigraben geritten sein, anschliessend nach rechts in die Albisriederstrasse abgebogen und schliesslich um den Albisrank nach Albisrieden galoppiert sein. Der Albisrank beim Schulhaus Utogrund besteht noch heute, heisst noch immer so und gibt auch der dortigen Bushaltestelle den Namen. Beim Ritt von Major Cavaluzzi im Jahr 1894 befand sich an der ganzen zirka 700 Meter langen Strecke noch kein einziges Gebäude.

«Die jodelnden Schildwachen» ist ein politisches Gedicht. Spitteler beschreibt humorvoll die Liebe des Schweizers zu seiner Heimat und zur Armee. Oder ist etwa alles ganz anders? Der Germanist Peter von Matt meint: «Beim zweiten Lesen beschleicht einen der Verdacht, das Gedicht könnte auch eine Parodie auf alle vaterländische Lyrik sein.» Und Spitteler-Experte Dominik Riedo erklärt: «Spitteler macht sich mit einem feinen Humor über das Militärwesen lustig. Beim ersten Lesen merkt man das vielleicht noch nicht, aber beim zweiten oder dritten Mal fällt es einem schon auf.»

Wieso Spitteler ausgerechnet Albisrieden für das Gedicht «Die jodelnden Schildwachen» ausgesucht hat, ist nicht überliefert. Gut möglich, dass der passionierte Wanderer Spitteler während seiner Zeit in Zürich (1890-1892) die Gegend am Uetliberg kennen und lieben gelernt hat.

Der einzige Schweizer Literatur-Nobelpreisträger

Carl Spitteler (1845–1924) ist der einzige gebürtige Schweizer, der je einen Literaturnobelpreis erhalten hat. Nach mehrjähriger Kontroverse wurde ihm 1920 dieser Preis rückwirkend für das Jahr 1919 und primär für sein Werk «Olympischer Frühling» verliehen. Für Diskussionen hatte seine Brandrede «Unser Schweizer Standpunkt» gesorgt, die er 1914 gegen die Kriegsbefürworter und für die Schweizer Neutralität gehalten hatte. Diese Rede ist bis heute im kulturellen Gedächtnis wach geblieben, während Carl Spittelers Gesamtwerk weitgehend in Vergessenheit geraten ist.

Carl Spitteler (1845–1924).

Das so genannte «Negerdorf» an der Badenerstrasse.

BADENERSTRASSE 503

Zwei Tote im Menschenzoo

Das dunkle Kapitel der Gemeinde Altstetten mit der Völkerschau 1925

Der Tramwagen der Linie 2 war schon morgens um acht Uhr überfüllt. Die Zürcherinnen und Zürcher strömten in Scharen zum Letzigraben an der damaligen Stadtgrenze, um ein ganz spezielles Spektakel zu sehen. Vis-à-vis vom Letzigrund, direkt an der Badenerstrasse auf der grossen Wiese zwischen den Kiesgruben, besuchten am Sonntag, 16. August 1925, über 12000 Interessierte das so genannte «Negerdorf». Hier wurden während sechs Wochen 74 Menschen aus Westafrika in Hütten ausgestellt. Ein Menschenzoo.

Von der Blütezeit des Kolonialismus in der Mitte des 19. Jahrhunderts bis in die 1960er-Jahre waren solche Völkerschauen, bei denen Menschen nur aufgrund ihrer geografischen Herkunft ausgestellt wurden, in Europa ein Massenvergnügen. Oft wurde dabei die Sensationslust befriedigt, doch es gab auch aufrichtiges Interesse an den fremden Sitten. Trotzdem waren die Grenzen zwischen Gedankenlosigkeit und rassistischer Überheblichkeit fliessend. Die Menschenzoos bekräftigten die damals gängigen Vorurteile vom primitiven Wilden, wie die Schweizer Völkerschau-Expertin Rea Brändle in ihrem Stan-

Vertrag zwischen Charles Bretagne und der Gemeinde Altstetten

Der Gemeinderat erteilt dem Charles Bretagne in Lausanne unter Vorbehalt der Erlangung des kantonalen Gewerbepatentes & der Erfüllung der fremdenpolizeilichen Bedingungen durch Letzteren die Bewilligung zur Aufstellung eines Negerdorfes auf der Liegenschaft des A. Wismer bei der Stadtgrenze in Altstetten während der Zeit vom 14. August bis spätestens 25. September. Charles Bretagne bezahlt der Gemeinde für diese Bewilligung eine Gebühr von Fr. 4000.–. Die Hälfte dieses Betrages ist bei Unterzeichnung des Vertrages & der Rest am 1. September 1925 zahlbar. Die Kosten für die Erstellung der Wasserzuleitung sowie der Wasserkonsum sind von Ch. Bretagne extra zu bezahlen. Es wird hierfür am 1. September eine Teilrechnung & am 25. September bzw. nach Abbruch des Negerdorfes Schlussrechnung gestellt werden; diese Rechnungen sind jeweilen sofort zur Zahlung fällig. Die Einholung & Bezahlung des kantonalen Gewerbepatentes ist Sache des Charles Bretagne. Die gehörige Überwachung des Negerdorfes wird von Ch. Bretagne auf dessen Kosten der Schweiz. Bewachungs-Gesellschaft A.G. «Securitas» in Zürich übertragen. Die Neger haben keinen freien Ausgang, sondern dürfen ihr Dorf nur unter Aufsicht verlassen. Dieselben sind zu einem gesitteten Benehmen anzuhalten. Grobe Verstösse gegen den Anstand haben nach vorangegangener Mahnung den Entzug der Bewilligung zur Folge. Die besonderen Anordnungen der Baupolizeibehörde, der Sicherheitspolizei & der Gesundheitskommission bleiben vorbehalten. Ch. Bretagne verpflichtet sich, der Schuljugend der Gemeinde Altstetten in Begleitung ihrer Lehrer den einmaligen Eintritt ins Negerdorf gratis zu gewähren & für die Schuljugend des Kantons Zürich ebenfalls Eintritts-Erleichterungen zu gewähren.

Altstetten, 10. August 1925

dardwerk *Wildfremd, hautnah. Völkerschauen und Schauplätze Zürich 1880–1960* schrieb.

Auch das so genannte «Negerdorf» in Altstetten war ein Publikumsmagnet. «So zahlreich drängten die Schaulustigen herbei, dass Hunderte von ihnen vor den Hütten gar keine Neger zu sehen bekamen», schrieb die Zeitung Volksrecht. Während sechs Wochen zahlten 60 000 Zürcherinnen und Zürcher Eintritt für die schaurige Schau. Viele sahen zum ersten Mal in ihrem Leben Menschen anderer Hautfarbe und wollten sich ein Bild vom vermeintlich authentischen Leben der «Exoten» machen. In einer Hütte sass ein Weber, in einer anderen ein Verkäufer, ein Maschinennäher oder ein Priester. Es gab im Dorf eine Musiktruppe – dazu tanzten Frauen. Zudem tauchten Knaben in einem Wasserbecken nach Geldstücken der Besucher. Ob sich die Menschen aus Westafrika in Zürich freiwillig wie Zootiere ausstellen liessen, ist nicht bekannt.

Organisator des rassistischen Menschenzoo-Spektakels in Altstetten war ein Charles Bretagne aus Lausanne. Die Altstetter Behörden reagierten wohlwollend auf sein Vorhaben. Das Grundstück für das kleine Dorf vermietete Albert Wismer, der Pächter des Restaurant Sonne, das damals am Ort des heutigen Stadion Letzigrund stand. Die Zürcher Schilfrohr Weberei AG wurde beauftragt, auf der Wiese an der Badenerstrasse ein «dekoratives und zweckmässiges» Hüttendorf aufzubauen.

Doch bereits nach wenigen Tagen kam grosses Unheil über die Menschenausstellung: Zuerst starb der 18-jährige Sana aus Guinea, kurz darauf auch der 26-jährige Bocari. Der herbeigerufene Arzt aus Albisrieden stellte fest, dass im Hüttendorf die Krankheit Beriberi im Umlauf war. Dabei handelt es sich um einen lebensbedrohlichen Vitamin-B1-Mangel als Folge falscher Ernährung. Trotz der zwei tragischen Todesfälle lief die Veranstaltung einfach weiter. Die Toten waren schnell vergessen. Vielmehr mokierten sich die Zürcherinnen und Zürcher über das Betteln der ausgestellten Menschen. Die Zeitung Zürcher Post schrieb am 27. August: «Der weibliche Teil im Publikum bekundet meistens ein besonderes Interesse für die schwarzen Kinder, die indessen diese Zuneigung nicht erwidern, es sei denn, dass sie Schokolade, ein Guetsli oder eine Münze erhalten; dann lässt sich so ein schwarzes Wollköpfchen schon einmal ein bisschen tätscheln.»

Im September 1925 wurde es ungewohnt kalt und regnerisch in Zürich. Albert Wismer brachte heissen Kräutertee über die Badenerstrasse und die Strohhütten wurden abends notdürftig geheizt. Das Zürcher Publikum hatte jetzt Mitleid mit den leichtbekleideten Menschen aus Westafrika und schenkte ihnen Strümpfe, Leibchen, Westen und Ohrenkappen, damit sie weniger frieren mussten.

Am 26. September reiste die Truppe in aller Früh nach Frankreich weiter. Die Neue Zürcher Zeitung kommentierte: «Die Neger draussen an der Grenze Zürich-Altstetten haben ihre Zelte und Hütten nach etwa sechs Wochen abgebrochen und sind nach Paris abgereist. Niemand wird vergnügter darüber sein als die schwarzen Gesellen selber, die noch lange schlotternd und zähneklappernd an Zürichs Klima zurückdenken werden.» Nur Sana und Bocari blieben in Altstetten – auf dem Friedhof beim Lindenplatz.

Das so genannte «Negerdorf» an der Badenerstrasse war kein Einzelfall. Insgesamt sind allein in Zürich 91 Völkerschauen dokumentiert.

Das Quartier Mitte der 1920er-Jahre. Rechts unten ist das neu gebaute Letzigrund-Stadion zu erkennen. Das heutige Blüemliquartier ist damals noch eine grosse Wiese.

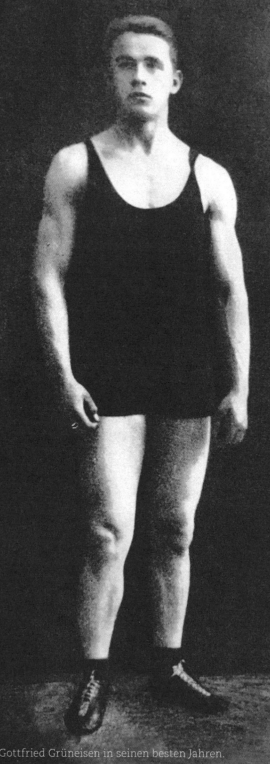
Modellathlet Gottfried Grüneisen in seinen besten Jahren.

BADENERSTRASSE 527

Fitness-Pionier Gottfried Grüneisen

Sein grosser Triumph 1933 mitten im Blüemliquartier

Es muss laut, eng und stickig gewesen sein am Donnerstag, 6. April 1933, in der Auto- und Sporthalle an der Badenerstrasse. 5000 Sportbegeisterte waren gekommen, um die grosse Attraktion namens Gottfried Grüneisen zu bewundern. Der Ringer-Weltmeister aus der Schweiz mit dem Nimbus des Unbesiegbaren traf im Entscheidungskampf auf den italienischen Meister Nino Equatore. Das Ticket für den Abend am internationalen Ringkampf-Turnier kostete 1.20 Franken. Es lag viel Spannung in der Luft – und ebenso viel Zigarrenqualm.

Die Auto- und Sporthalle befand sich mitten im Blüemliquartier, da wo heute das neue Binelli-Autohaus und die vielen Wohnungen gebaut werden, zwischen Campanella- und Schneeglöggliweg. Die Halle wurde 1930 errichtet, in einer Zeit, als es in der Stadt noch wenige grosse Säle gab. Entsprechend beliebt war das neue Gebäude für Grossanlässe wie Ausstellungen, Box- oder eben Ringkämpfe.

Grüneisen war ein Modellathlet, sehr wendig und mit überragender Technik. Sein Gegenüber Equatore war 1.90 Meter gross und ein Muskelprotz. Eigentlich hiess er Hans Platter

Die Auto- und Sporthalle an der Badenerstrasse 527

Die 3000 Quadratmeter grosse Auto- und Sporthalle wurde im Jahr 1930 eröffnet. Besitzerin war die Auto-Occasions AG. Vor 1930 fand in Zürich jeden Freitag auf dem Beatenplatz ein wilder Occasions-Auto-Markt unter freiem Himmel statt. Mit der neuen Halle konnte das Geschäft geordneter abgewickelt werden. Zur Halle gehörte auch das Restaurant «Automarkt», ein Haus mit Geschäftsräumen und Wohnungen direkt an der Badenerstrasse. Die Auto- und Sporthalle wurde später während Jahrzehnten als Werkhalle genutzt. 2020 wurde die Halle abgerissen. Heute ist das Areal eine Grossbaustelle. Am Ort von Gottfried Grüneisens Triumph entsteht die Überbauung namens B-Hive mit mehrstöckigem Autohaus und vielen Lofts mit drei Meter hohen Räumen.

Die mächtige Auto- und Sporthalle in den 1930er-Jahren.
Der Schneeglöggliweg ist noch ein Fussballfeld.

und stammte aus dem Südtirol, aber Nino Equatore tönte einfach besser. Grüneisen und Equatore dominierten die Kämpfe im Ring, die während mehr als zwei Wochen in der Auto- und Sporthalle ausgetragen wurden. Abend für Abend strömten Tausende von Zuschauern ins Quartier. Die Zeitung Sport schrieb: «Zürich hat ein zwanzig Tage dauerndes Fieber hinter sich. Die internationalen Ringkämpfe haben alle Volkskreise in ihren Bann gezogen: den Arbeiter bis zum Besitzer des Rolls Royce. Fast noch nie hat ein Fest oder eine Veranstaltung in Zürich einen derartigen Autopark zu schaffen vermocht.»

Der finale Kampf zwischen Grüneisen und Equatore musste nach drei Runden ohne Pause bis zur Entscheidung geführt werden. Grüneisen war technisch überlegen, aber Equatore konnte dem Schweizer jederzeit mit seinem gefürchteten «Doppelnelson» gefährlich werden. Schliesslich packte Grüneisen den Italiener nach bewährter Sennenmanier von der Seite, hob ihn auf Kopfhöhe und schmetterte ihn platt auf die Schultern. Das war der Sieg! Beifallsstürme brandeten durch die ausverkaufte Halle, Publikumsliebling Grüneisen liess sich feiern. Es war einer der schönsten Siege seiner langen Karriere – Grüneisen war der Meister der Matte. «Wer zwanzig Tage lang jeden Abend drei- bis fünftausend Menschen herbeizulocken und im Banne zu halten vermag – wer derart schon beim Erscheinen umjubelt wird – hat die Herzen erobert. In der Natur und dem Können Grüneisens liegt das Rätsel der allabendlichen Massenströme in die Auto- und Sporthalle», würdigte der Sport die Leistung des Schweizer Freistil-Ringers.

Grüneisen war in Berlin als Sohn eines ausgewanderten Bauern aus dem Kanton Bern aufgewachsen. In der deutschen Hauptstadt wurde er zu einem der besten Ringer der Welt. Als Berufsringer eroberte Grüneisen vier WM-Titel im Mittelgewicht: 1929 in Breslau, 1930 in Budapest, 1931 in München und 1934 in Berlin (hier nach 20 Kämpfen innerhalb von 51 Tagen!). «Göpfi» war in den 1930er-Jahren einer der populärsten Sportler der Schweiz.

1942, mitten im Zweiten Weltkrieg, kehrte er in die Heimat zurück und avancierte zum Schweizer Fitness-Pionier. Im Zürcher Seefeld gründete er das Sport- und Gymnastikinstitut. Mit seiner Frau Astrid, einer Tänzerin aus St. Petersburg, bot er während 41 Jahren Volkskurse an und entwickelte dabei das «System Grüneisen», ein «Körpertraining im Interesse der Gesundheit». Tausende Zürcherinnen und Zürcher besuchten in dieser Zeit das Institut. Im Herbst 1983 gab er seinen Fitnessklub auf, und nur wenige Wochen später starb er mit 82 Jahren. Gottfried Grüneisen war der Wegbereiter des Fitnessbooms in der Schweiz – von ihm stammen sogar die heute noch sehr populären Ausdrücke wie «Fitness» oder «Konditionstraining».

Die Badenerstrasse stadtauswärts. Rechts steht das Restaurant Sonne (heute Letzigrund-Stadion). Vorne links ist das Restaurant zum Automarkt erkennbar.

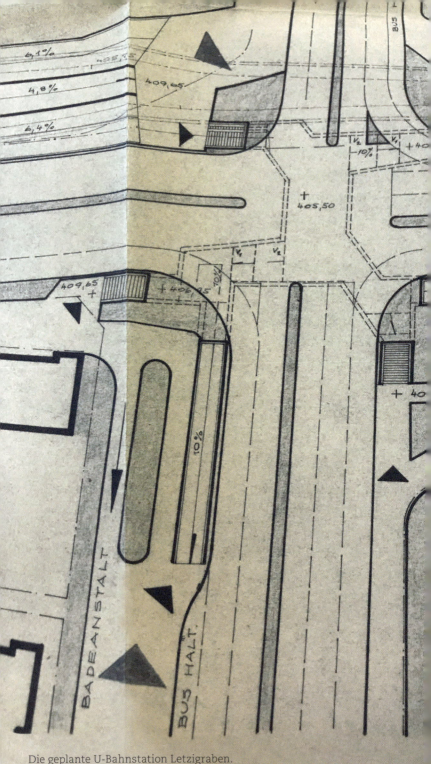

Die geplante U-Bahnstation Letzigraben.

BADENERSTRASSE 500

Eine U-Bahn-Station im Quartier

Die kühnen Ideen der Stadtplaner 1973

Die Baupläne lagen bereit – der Tunnel am Milchbuck und die Metro-Station Hauptbahnhof wurden sogar schon gebaut. Zürich sollte in den 1970er-Jahren eine U-Bahn erhalten. Das Stimmvolk musste nur noch Ja sagen. Die Stadt wollte zu einer Metropole von Weltrang aufsteigen, es herrschte eine nahezu grenzenlose Wachstumseuphorie.

Die geplante U-Bahn-Linie 1 bestand aus zwei Ästen: vom Zürcher Hauptbahnhof aus einerseits ins Limmattal nach Dietikon und anderseits ins Glatttal zum Flughafen. 54 Prozent der Linie wären unterirdisch gebaut worden. In einem Metro-Zug hätten 1300 Menschen Platz gefunden.

Der Autoverkehr in der Stadt Zürich und der Agglomeration hatte seit den 1950er-Jahren stark zugenommen. Das Jammern über das Verkehrschaos und die Staus war an der Tagesordnung. Viele Automobilisten empfanden die langsamen Trams als störend. Der Zeitgeist wollte, dass der öffentliche Verkehr unterirdisch verläuft, um den oberirdischen Individualverkehr nicht zu behindern.

Im Quartier wäre die geplante U-Bahn-Strecke unter der Erdoberfläche entlang der Badenerstrasse verlaufen. Die nächstgelegene Haltestelle hätte Letzigraben geheissen und wäre zwischen Letzigrund-Station (Ecke Badenerstrasse/Herdernstrasse) und der heutigen Boccia-Halle errichtet worden. Von da wäre man mit der U-Bahn in sechs Minuten am Hauptbahnhof und in 23 Minuten am Flughafen gewesen.

Die geplante Haltestelle Letzigraben wurde in Trog-Lage auf 138 Metern Länge konzipiert. Die Station wäre somit nicht unterirdisch, sondern nur zirka einen Meter in den Boden gebaut worden. Direkt vor und direkt nach der Haltestelle Letzigraben wäre die U-Bahn wieder ganz in den Erdboden verschwunden.

An den beiden Kopfseiten der Station wären die Fussgänger über zwei leicht abfallende Rampen direkt zum Mittelbahnsteig zwischen den beiden Gleisen gelangt. Die Station wurde auf den Bauplänen überdacht gezeichnet – auf dem Dach wäre eine Fussgängerzone entstanden. Von da hätten zwei Treppen zum Bahnsteig geführt. Lifte wurden nicht eingeplant. Nur bei

Gentrifizierung im Blüemliquartier

Das Blüemliquartier wurde in den vergangenen Jahrzehnten auch ohne U-Bahn massiv gentrifiziert. Die ruhige Lage nahe am Stadtzentrum von Zürich, ein stark nachgefragter Einfamilienhäuser-Markt und die gute Erschliessung durch den ÖV liessen die Bodenpreise im Quartier stark ansteigen. Ein Grundstück kostete nach dem Bau der Häuser in den 1920er- und 1930er-Jahren noch unvorstellbare 30 000 Franken. Heute wird für ein Reihenhäuschen im Blüemliquartier mindestens das 50-fache hingeblättert. Das Blüemliquartier gehört zum Bundesinventar der schützenswerten Ortsbilder der Schweiz von nationaler Bedeutung (ISOS).

grösseren Stationen wie beim Hauptbahnhof oder am Schaffhauserplatz wären Aufzüge gebaut worden.

Die weiteren U-Bahn-Haltestellen in der Umgebung wurden beim Kappeli und am Albisriederplatz entworfen, beide ganz unterirdisch. Die Tramhaltestelle Freihofstrasse wäre abgebrochen worden. Überhaupt wären alle Tramgleise und Tramlinien auf der Badenerstrasse verschwunden. Vom Stauffacher bis zum Farbhof wären keine Trams mehr gefahren.

Die Kosten für den Bau der U-Bahn hätten 1,8 Milliarden Franken betragen. Man rechnete mit einer 13 Jahre langen Bauzeit. Praktisch alle politischen Parteien befürworteten die kühnen Pläne. Eine im Dezember 1972 durchgeführte Meinungsumfrage ergab eine Zustimmung der Zürcher Bevölkerung von 81 Prozent. Erst in der Folge wurden erste kritische Stimmen laut. In den wenigen Wochen bis zur Abstimmung begann sich ein Wachstumsüberdruss zu verbreiten.

Man befürchtete, dass dieses «Projekt des Grössenwahnsinns» zu steigenden Bodenpreisen, höheren Mieten und somit zu einer Verdrängung der Stadtbewohner in die Vororte führen könnte. Zudem betrachteten die Gegner die Kosten der U-Bahn als «astronomisch hoch». Die Befürworter argumentierten, die U-Bahn sei ein Projekt des Umweltschutzes und verhindere einen «Verkehrskollaps».

Am 20. Mai 1973 wurde das Jahrhundertprojekt schliesslich in einer Volksabstimmung von den Stimmberechtigten überraschend deutlich bachab geschickt. Die hochtrabenden Pläne landeten für immer in der Schublade.

Der Cyklamenweg 1 im Jahr 1956. Das Haus musste später einem grossen Hotel-Komplex weichen.

CYKLAMENWEG

Warum der Cyklamenweg einst Maierisliweg hiess

Die Eingemeindung von Altstetten 1934

Am 1. Januar 1934 wurde die Gemeinde Altstetten zusammen mit den Vororten Albisrieden, Affoltern, Höngg, Oerlikon, Schwamendingen, Seebach und Witikon in die Stadt Zürich eingemeindet. Die Stadt wuchs auf einen Schlag von 265 000 auf 313 000 Einwohner an, die Fläche wurde praktisch verdoppelt. Altstetten ist sowohl flächen- als auch bevölkerungsmässig das grösste Quartier der Stadt Zürich.

Bereits 1932 kam aus der Stadt Zürich die Weisung an die Gemeinde Altstetten, dass im Hinblick auf die Eingemeindung sämtliche Strassen umbenannt werden müssen, welche die gleichen Namen führten wie Strassen im alten Stadtgebiet oder in den anderen eingemeindeten Vororten. Jede Strasse durfte auf dem neuen Gemeindegebiet von Grosszürich nur einmal existieren – um Verwechslungen vorzubeugen.

Für Altstetten bedeutete das: 83(!) Strassen und Plätze bekamen über Nacht einen neuen Namen. Da die Stadt Zürich bereits eine Bahnhofstrasse hatte, musste Altstetten die eigene

Bahnhofstrasse umbenennen. Ebenso musste die Gemeinde auf seine Förrlibuckstrasse verzichten. Und es ist verständlich, dass die Zürcherstrasse von Altstetten in der neuen Grossstadt keine Zukunft mehr hatte.

Das gleiche Schicksal ereilte 1934 auch den Maierisliweg im Blüemliquartier. 1928 wurde hier von Architekt Paul Rickert eine Wohnkolonie mit zwölf Doppeleinfamilienhäuschen im Stil der Gartenstadt gebaut. Die Gemeinde Altstetten entschied sich damals, den 190 Meter langen neuangelegten Weg auf dem ehemaligen Stüdliacker «Maierisliweg» zu nennen, weil vorne an der Badenerstrasse das hübsche alte Häuschen «zum Maierisli» stand. Es ist somit anzunehmen, dass der Maierisliweg 1928 der Wegbereiter für alle weiteren Blumenstrassennamen im Quartier wurde.

Weil in Wiedikon bereits ein Maierisliweg existierte, musste der gleichnamige Weg in Altstetten unbenannt werden. Und

Schneeglöggliweg für immer

Der Schneeglöggliweg wurde als einzige Strasse im Blüemliquartier noch nie unbenannt. Es ist die jüngste Strasse im Quartier und wurde 1935/36 gebaut, als Altstetten bereits zur Stadt Zürich gehörte. Vor dem Bau des Schneeglöggliwegs waren da nicht etwa besonders viele Schneeglöckchen, sondern ein grosses Fussballfeld. Der Campanellaweg hiess vor der Eingemeindung von Altstetten noch Dahlienweg. Weil es im Quartier Riesbach aber bereits die Dahliastrasse gab, wären die Verwechslungen zu gross gewesen. Die Edelweissstrasse trug den Namen Mühlenstrasse. Hier befürchteten die Behörden wohl Verwechslungen mit der Mühlegasse im Niederdorf. Der Gladiolenweg hiess bis 1933 noch Narzissenweg, doch es gab bereits seit 1907 in Oberstrass eine Narzissenstrasse.

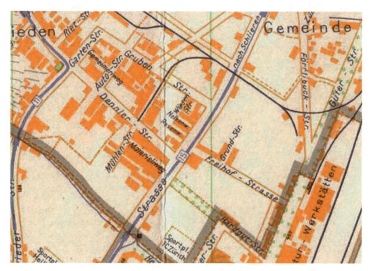

Als der Cyklamenweg noch Maierisliweg hiess: der Quartierplan 1930 vor der Eingemeindung von Altstetten.

weil mittlerweile auch einige andere Wege in der Umgebung nach Blumennamen benannt waren, wurde dem ehemaligen Maierisliweg erneut ein Name aus der Botanik zugeteilt: Die Strasse hiess fortan Cyklamenweg. Der Name «Cyclame» ist die lateinische Schreibweise der «Zyklame» und steht für die botanische Bezeichnung des Alpenveilchens. Wieso nicht konsequent auf die lateinische Schreibweise «Cyclamenweg» oder die vollständige deutsche Übersetzung «Zyklamenweg» gesetzt, sondern von den Behörden mit «Cyklamenweg» ein Mix aus Latein und Deutsch gewählt wurde, ist nicht überliefert.

Übrigens: Der Wiediker Maierisliweg erhielt 1983 den neuen Namen Jakob-Peter-Weg. Eigentlich wäre es da an der Zeit gewesen, dem Cyklamenweg den alten Namen Maierisliweg zurückzugeben. Doch der idyllische Weg zwischen Edelweiss- und Badenerstrasse, parallel zum Campanellaweg, trägt noch heute unverändert den sonderbaren Namen: Cyklamenweg.

Hans C. Leu (2.v.l.) als siebenjähriger Bub mit seinen Eltern und dem Bruder am Schneeglöggliweg 38.

EDELWEISSSTRASSE 38

Vom Schneeglöggliweg in die Luxuswelt

Die Geschichte der Hotel-Legende Hans C. Leu

Er war die grosse Figur der Schweizer Hotellerie und der erste Fünf-Sterne-Direktor, der nicht immer Anzug und Krawatte trug. Geboren wurde Hans Leu am 03.03.30 in Zürich – schon das Geburtsdatum war exzentrisch. Das C im Namen legte er sich erst später zu, es steht für Cicerone, den lateinischen Begriff des Fremdenführers.

Aufgewachsen ist Hans C. Leu am Schneeglöggliweg 38 im Blüemliquartier. Das ist das vorderste Reihenhäuschen des Weges mit den blauen Fensterläden, unweit der Kreuzung zur Edelweissstrasse. Seine Eltern wohnten über 50 Jahre an dieser Adresse. Doch Hans zog es schon bald weg vom beschaulichen Zuhause. Drei Monate vor der Matura verliess er das Gymnasium Rämibühl und gab seinen Plan auf, Medizin zu studieren. Stattdessen besuchte er die Hotelfachschule in Lausanne. «Direktor ist fast so gut wie Doktor», soll ihm die Mutter gesagt haben. Hans reizte die Luxushotellerie. «Da verkehren die interessantesten Menschen.»

Sein Weg führte vom Schweizerhof Bern ins Hotel Reber nach Locarno und ins Hotel St. Gotthard nach Zürich. Nach einem Aufenthalt in Nairobi wurde er Chef de Réception im Grandhotel Dolder in Zürich, später sogar Vizedirektor. Schliesslich übernahm der inzwischen dreifache Familienvater 1966 das Kulm Hotel in Arosa als neuer Direktor.

Zusammen mit seiner Frau Annelise revolutionierte Hans C. Leu in den folgenden Jahren die Luxushotellerie. Leu machte das Kulm zum Event-Hotel, bevor es diesen Begriff überhaupt gab. Das Direktorenpaar erfand das Esstheater oder es richtete das Hotel als Zirkus ein. Die Kellner servierten die Suppe auf einem fliegenden Teppich, der Küchenchef jonglierte mit Eiern, die Mitarbeitenden traten als Feuerschlucker oder Zauberer auf und Leu brachte seine Gäste als Zirkusdirektor mit Peitsche zum Lachen. Diese Shows waren zur damaligen Zeit dermassen aussergewöhnlich, dass alle Zeitungen darüber berichteten und viele Gutbetuchte im Kulm übernachten wollten. Leu organisierte für seine Gäste Mountainbike-Safaris oder nächtliche Winterwanderungen. Einmal wurde gar ein Musical aufgeführt. «Ich habe im Prinzip die Luxushotellerie vom Plüsch zum Plausch geführt», sagte er. Hans und Annelise Leu waren die ersten Schweizer Hoteliers, die ein Frühstücksbuffet in einem Luxushotel anboten.

«Ein guter Gastgeber ist extravertiert und geht gerne auf seine Gäste zu», pflegte Leu zu sagen. Er behandelte seine Urlauber wie Freunde. Wenn es sein musste, holte er sie sogar mit seinem Pferd Osulf am Bahnhof Arosa ab. Jeden Gast begrüsste er persönlich – mit einem Apéritif und einladender Freundlichkeit. «Die Nähe zum Gast findet man übers Herz und nicht über ein aufgesetztes Lächeln.»

1986 übernahm Leu das «Giardino» in Ascona. Es folgte eine weitere Erfolgsstory: Die Küche erreichte 17 Gault-Millau-Punkte, die Luxusherberge im Tessin wurde zum besten Ferienhotel der Schweiz und Leu zum besten Hotelier des Landes gekürt. Im Oktober 2000 wurde er für sein Lebenswerk mit dem wichtigsten Preis im Schweizer Tourismus, dem «Milestone», geehrt.

Hans C. Leu verstarb am 23. Januar 2017 nach kurzer, schwerer Krankheit. Leu habe den Augenblick geliebt und ihn mit Lebensfreude und Neugier gefüllt, stand in seiner Todesanzeige.

Livia Leu: höchste Schweizer Diplomatin

Die jüngste Tochter von Anneliese und Hans C. Leu heisst Livia Leu und ist die wichtigste Diplomatin der Schweiz. Im Herbst 2020 ernannte sie der Bundesrat zur Staatssekretärin beim eidgenössischen Departement für auswärtige Angelegenheiten (EDA). Zuvor war sie Botschafterin in Frankreich und im Iran gewesen – als erste Schweizerin in Paris und als einzige Frau in Teheran. Geboren wurde Livia Leu 1961 in Zürich. «Sie wurde unser Sonnenschein», sagt Mutter Anneliese. Die ersten Jahre verbrachte die Familie an der Zollikerstrasse oberhalb des Bahnhofs Tiefenbrunnen. In dieser Zeit besuchte Livia fast wöchentlich ihre Grosseltern am Schneeglöggliweg. Später wuchs sie bekanntlich im Luxushotel in Arosa auf. Ihr Vater habe die Gäste aus aller Welt gerne persönlich empfangen. Das sei seine Passion gewesen und habe sie geprägt, sagte die Spitzendiplomatin einmal. Livia Leu ist Mutter von zwei erwachsenen Söhnen.

Livia Leu 2011 bei einem Treffen mit der damaligen US-Aussenministerin Hillary Clinton in Washington.

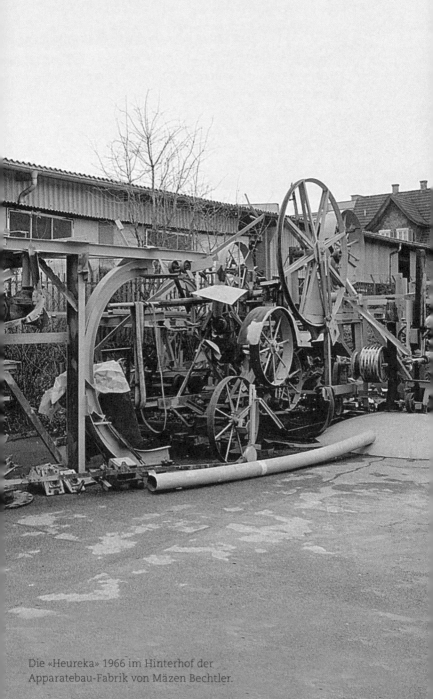

Die «Heureka» 1966 im Hinterhof der Apparatebau-Fabrik von Mäzen Bechtler.

DENNLERSTRASSE 20

Deponiert an der Dennlerstrasse

Jean Tinguelys «Heureka» und der kleine Zürcher Kunstkrieg 1966

Heureka, «ich hab's gefunden»! Das Kunstwerk namens «Heureka» von Jean Tinguely steht heute prominent am Zürichhorn. Die kinetische Grossplastik ist aus Eisenstangen, Stahlrädern, Heugabeln und Metallpfannen gebaut. Sie rattert, rasselt und rollt. Und sie ist laut, sehr laut. Von April bis Mitte Oktober läuft die Maschine dreimal täglich während acht Minuten.

Die «Heureka» ist eine «Leerlaufmaschine» und hat somit keinen Zweck. Tinguely konzipierte das Kunstwerk für die Expo 1964 in Lausanne. Er wollte damit die Leute an die Nichtigkeit der menschlichen Betriebsamkeit erinnern. Später sagte Tinguely einmal: «Den Schweizern kamen wegen der Heureka-Maschine zum ersten Mal Zweifel an Fortschritt und Kapitalismus auf.»

Der Zürcher Industrielle und Kunstmäzen Walter Bechtler kaufte die Plastik ein Jahr nach der Landesausstellung 1964. Er bezahlte dafür 35000 Franken und schenkte das Kunstwerk der Stadt Zürich. Damit begann ein kleiner Zürcher Kunstkrieg. Denn, wo sollte der 15-Tonnen-Bewegungskoloss aufgestellt werden?

Die Standortfrage löste 1966 grosse Kontroversen aus. Viele Bürgerinnen und Bürger der Stadt fürchteten den Lärm, kritisierten die Ästhetik der Plastik und wollten den «rostenden Schrott» am liebsten weit weg oder gar nicht aufgestellt haben. Die Behörden evaluierten 15 Standorte, beispielsweise am Bellevue, vor dem Stadthaus, vor dem Kunsthaus oder auf der Landiwiese in Wollishofen. Immer war der Widerstand der Bevölkerung gross. Ende 1966 drohten rabiate Wollishofer «Heureka»-Gegner sogar, das Kunstwerk in der Nacht zusammenzuschlagen, falls es im Kreis 2 aufgestellt würde. Und wenn ein Standort für einmal von der Bevölkerung gutgeheissen wurde, wie zum Beispiel vor dem Hallenstadion in Oerlikon, meldete sich der Künstler Tinguely und war unzufrieden, weil ihm der Ort zu wenig repräsentativ erschien.

Die «Heureka» selbst verschlief den monatelangen Streit. In ihre Teile zerlegt wurde sie im Quartier deponiert, an der heutigen Dennlerstrasse 20 im Hof der damaligen Apparatebau-Fabrik von Mäzen Bechtler. Der Unternehmer hatte die Maschine im April 1966 an zwei Tagen mit drei Lastwagen von Lausanne nach Zürich transportiert. 44 Wochen lang wartete die «Heureka» anschliessend auf dem Fabrikareal auf ihre neue Bleibe.

Das ganze Jahr 1966 verstrich, ohne dass eine Einigung in der Standortfrage erzielt wurde. Schliesslich obsiegte das Zürichhorn, nachdem man das Aufstellen der «Heureka» als provisorisch deklariert hatte. Der Seefelder Quartierpräsident machte eine Strassenumfrage, die knapp positiv ausfiel: Von 95 Befragten waren 52 dafür, 30 dagegen und 13 enthielten sich der Stimme. Am Mittwoch, 22. Februar 1967, bei frühlingshaftem Wetter, wurde die «Heureka» schliesslich am Zürichhorn montiert – sie steht immer noch da. Die NZZ schrieb: «Das Urteil darüber, ob sie nur eine kunstvolle Konstruktion oder ob sie ein Kunstwerk sei, wird nicht heute, sondern morgen gefällt».

Der verheerende Hagelsturm

Am 13. Juli 2021 fegte mitten in der Nacht ein Orkan mit 150 Stundenkilometern durch die Stadt Zürich. Der Spuk dauerte nur 10 Minuten. Doch die Schäden im Quartier waren gewaltig: Unzählige umgestürzte Bäume, selbst wenn sie 1,5 Meter dicke Stämme hatten, eine umgeknickte Strassenlaterne beim Schulhaus Utogrund, kaum ein Durchkommen auf der Dennlerstrasse und am Letzigraben, zerstörte Hausfassaden und beschädigte Dächer im Blüemliquartier. Bei der Badi Letzigraben durchbohrten zu Projektilen gewordene Eternitsplitter einer nahen Baustelle die Holzpfeiler des Badi-Restaurants. Der Downburst drückte Wasser durch Fenster und Türen in Wohnungen. Innerhalb von 10 Minuten fiel bis zu 30 Liter Regen pro Quadratmeter. Schutz und Rettung Zürich nahm 1000 Notrufe entgegen. Beim Hubertus beschädigte der Hagelsturm eine Fahrleitung der Tramlinie 3. Kreuz und quer lagen die Bäume auf der Strasse. Die Albisriederstrasse blieb während Stunden gesperrt. Die Gebäudeversicherung rechnete mit einer Schadenssumme auf dem gesamten Stadtgebiet von 30 Millionen Franken. Die Gesamtzahl der eingegangenen Schadensmeldungen überstieg 6000. Verletzte gab es glücklicherweise nicht.

Die Spur der Zerstörung am Letzigraben.

Das Tram der Linie 3 krachte direkt ins Schulhaus Utogrund.

DENNLERSTRASSE 55

Als ein Chauffeur sein Tram verlor

Der spektakuläre Unfall beim Utogrundschulhaus 1972

Am 13. September 1972 erlebte ein erfahrener Tramchauffeur den Schrecken seines Lebens: Es war kurz vor 10 Uhr an diesem Mittwochmorgen, als der 46-Jährige mit dem Tram der Linie 3 an der Endstation Albisrieden in die Schleife links einbog. Nachdem er das Tram mit der Luftdruckbremse gesichert hatte, verliess er die Komposition und wollte auf die Toilette gehen. Er hatte das stille Örtchen noch nicht erreicht, da traute er seinen Augen nicht. Es war passiert, was sonst nur in Filmen möglich ist: Die Strassenbahn hatte sich selbständig gemacht und fuhr führerlos aus der Schleife in die Püntstrasse und von dieser direkt in die Albisriederstrasse. Im Tram befand sich nur ein Passagier – ein älterer Mann mit Gehstock war soeben im hinteren Tramwaggon zugestiegen und nichtsahnend mit dem Geistertram abgefahren. Der verdutzte Wagenführer rannte dem Tram sofort hinterher, in der Hoffnung, die offene Türe im Führerstand erreichen zu können. Doch es war schon zu spät. Das Tram gewann durch die leicht abfallende Albisriederstrasse immer mehr an Fahrt.

Mittlerweile hatte der Tramchauffeur eine neue Idee. Kurzerhand hielt er ein Auto an und fuhr mit diesem dem Tram hinterher. Inzwischen rollte die Strassenbahn ungebremst an der Haltestelle Albisriederhaus (heute Fellenbergstrasse) und wenig später an der damals noch existierenden Tramstation Freilagerstrasse vorbei. Eine Frau, die bei der Haltestelle Freilagerstrasse ins Tram steigen wollte, erklärte, sie habe das Zeichen zum Anhalten gegeben. Erst als die Strassenbahn vorbeifuhr, merkte sie, dass der Führerstand verwaist war. «Es war wie ein Geisterzug», sagte sie.

Vor dem Albisrank prallte das herrenlose Tram mit einer Geschwindigkeit von rund 50 Kilometern pro Stunde von hinten gegen einen vor ihm fahrenden Volvo. Dieser krachte seinerseits gegen einen Austin. Dem Lenker des Austin gelang es, nach wenigen Metern auf die Seite auszuweichen und sein Auto zu stoppen. Der Volvo jedoch wurde vom Tram auf das Trottoir der Dennlerstrasse geschleudert und demoliert. Unmittelbar danach entgleiste das Tram in der scharfen Kurve, dem Albisrank, donnerte geradeaus in den hölzernen Vorbau des Schulhauses Utogrund und kippte um.

Da die 10-Uhr-Pause soeben beendet war, befanden sich die meisten der rund 300 Schulkinder bereits wieder in den Klassenzimmern. Wie durch ein Wunder kam kein Kind zu grösserem Schaden. Fünf Schülerinnen und Schüler erlitten durch herumfliegende Glasscherben, Holzsplitter und Balken bloss leichte Verletzungen. «Wäre das Tram nur zwei Minuten früher gekommen, wären verschiedene Kinder, die sich vorher unter der gedeckten Pausenhalle aufgehalten hatten, verletzt worden», erzählte ein Schüler. Lädiert wurde einzig der 57-jährige Lenker des Volvos. Er musste mit einer Gehirnerschütterung und Rissquetschwunden am Kopf ins Spital gebracht werden. Der ältere Mann im hinteren Tramwaggon kam mit dem Schrecken davon. Als er realisierte, was geschah, war es zum Ziehen der Notbremse bereits zu spät. Er nahm die Sache mit Humor: «Ich wurde zwar kräftig durcheinandergeschüttelt, dafür muss-

Eine kleine Tramgeschichte

Die wichtigste Tramhaltestelle im Quartier war schon früh die Station Letzigrund. Ab 1900 bediente die so genannte «Rote Linie» die Strecke Burgwies-Bellevue-Paradeplatz-Marienstrasse-Letzigrund. Die Tramhaltestelle Letzigrund hiess damals noch Hardau und lag am Stadtrand. Später wurde sie jahrzehntelang Letzigraben genannt. 1902 wurde die «Rote Linie» im Gemeinschaftsbetrieb mit der Limmattal-Strassenbahn bis zum Lindenplatz in Altstetten verlängert und erhielt ab 1906 die Liniennummer 2. Die Tramstation Freihofstrasse hiess zu Beginn des Jahrhunderts noch «Dennlerstrasse». Ab dem 29. März 1923 wurde das Blüemliquartier neben der Linie 2 zusätzlich durch die neu erstellte Tramlinie Albisriederplatz-Albisrieden erschlossen. Die Strassenbahn war anfänglich noch mit der Nummer 6 versehen. Anschliessend fuhr das 11er- und später das 14er-Tram kurzzeitig nach Albisrieden. Seit 1939 verkehrt ununterbrochen das Tram der Linie 3 nach Albisrieden. Auch die Tramhaltestelle Siemens trug früher den Namen «Dennlerstrasse» – über mehrere Jahrzehnte in der Mitte des 20. Jahrhunderts. Die Haltestelle Hubertus hiess einst «Stadtgrenze».

Das Restaurant Hubertus 1935 mit der Albisriederstrasse.

te ich aber auch kein Billett lösen.» Der Unfall forderte einen Sachschaden von insgesamt rund 100000 Franken. Das zertrümmerte Tram auf dem Schulhausplatz Utogrund musste schliesslich mit Hilfe von mehreren Kranfahrzeugen geborgen werden

Zwei Jahre nach dem Unglück wurde der Tramchauffeur vom Bezirksgericht Zürich wegen Störung des Eisenbahnverkehrs und des öffentlichen Verkehrs schuldig gesprochen und zu einer Busse von 300 Franken verurteilt. Der Wagenführer habe an der Endstation Albisrieden die Handbremse nicht angezogen – das sei gegen die Dienstvorschrift. Der Verteidiger plädierte vergeblich auf Freispruch. Viele Tramführer zögen an der Haltestelle Albisrieden die Handbremse nicht an. Das Tram habe sich bisher aber noch nie in Bewegung gesetzt. Es sei auch nicht ausgeschlossen, dass sich Dritte, allenfalls Kinder, in Abwesenheit des Wagenführers im Führerstand zu schaffen gemacht hätten. Der Tramunfall vom Albisrank 1972 bleibt ein kleines Mysterium.

Das Utogrund-Schulhaus wurde 1945 erbaut.

DENNLERSTRASSE 40

Der erste Alpenkräuter-Magenbitter der Schweiz

Wie die Dennlerstrasse 1900 zu ihrem Namen kam

Es war eine Art Nationalgetränk: der «Dennler-Bitter», der erste Alpenkräuter-Magenbitter der Schweiz. Sogar angesehene Ärzte des Landes rieten zum Griff zur Dennler-Flasche. Der Kräuterlikör mit einem Alkoholgehalt von 40 Prozent wurde bei Magenbeschwerden oder Appetitlosigkeit und zur allgemeinen Stärkung empfohlen. «Für Kinder die halbe Dosis», stand auf der Gebrauchsanweisung. Der Magenbitter hatte sich vom Arzneimittel rasch zum beliebten Genussmittel entwickelt. Ende des 19. Jahrhunderts gehörten die Dennler-Karaffen aus grünem Pressglas in den Schweizer Stuben zum guten Ton. Der Erfinder des Getränks war August F. Dennler, ein Apotheker aus dem Kanton Bern.

Der Jungunternehmer war 1860 zum ersten Mal mit einem Alpenkräuter-Magenbitter an die Öffentlichkeit getreten. Es war eine Neuheit: ein Magenbitter, der mit Wasser gemischt werden konnte, ohne trüb zu werden. Die Herstellung von Magenbittern war zu jener Zeit nur in den Niederlanden und in Österreich verbreitet. 1862 baute Dennler in Interlaken seine erste Likörfabrik – das Dennler-Bitter-Haus steht heute unter Denkmalschutz. Die Räumlichkeiten im Berner Oberland wurden aber schon bald zu klein, die Transportwege für den Export des edlen Kräuterbitters zu umständlich. Zürich war schon damals die Handelsmetropole schlechthin. Hier gab es die ersten Eisenbahnstrecken der Schweiz. Hier gab es keine Alkohol- und keine Umsatzsteuer.

1874 kaufte August F. Dennler in der Nähe des «Wünderligut» zwischen Albisriederstrasse und Badenerstrasse, auf unbewohntem Gebiet in der Gemeinde Albisrieden, ein Grundstück. Auf der Höhe der heutigen Verzweigung Dennlerstrasse/Anemonenstrasse baute er seine Dampfbrennerei und Likörfabrik. Zürich wurde zum neuen Hauptsitz der Firma. Durch die Eröffnung der Gotthardbahn erhoffte sich Dennler neue Absatzmärkte, denn der neue Firmenstandort war ideal gelegen. Die Nordostbahn-Linie mit dem Bahnhof Altstetten – das Tor zur Welt – war mit der Pferdekutsche in zwölf Minuten erreichbar. Der Erfolg blieb nicht aus. Die Firma expandierte und eröffnete Standorte in Mailand, Wien oder Buenos Aires. August F. Dennler machte ein Vermögen, sein Likör wurde zu einem der bekanntesten Exportschlager der Schweiz und sogar an der Weltausstellung 1878 in Paris verköstigt. 1885 produzierte die Firma 400 000 Flaschen.

Es war eine unternehmerische Erfolgsgeschichte, die August F. Dennler in Zürich schrieb. So erfolgreich, dass die Gemeinde Albisrieden die Zugangsstrasse vom Albisrank zur Dennler-Fabrik im Jahr 1900 offiziell zur «Dennlerstrasse» erklärte. Das Problem: Die Dennlerstrasse verlief nur zur Hälfte auf Albisrieder Gemeindegebiet. Das andere Ende des Strassenstücks lag auf Altstetter Boden und war im Jahr 1900 noch eine Privat- und keine Gemeindestrasse. Altstetten wehrte sich, eine Privatstrasse, welche von der Gemeinde noch gar nicht übernommen worden war, mit einem Namen zu versehen, und schmetterte

Das Bitter-Dennler-Haus 1915 an der heutigen Verzweigung Anemonen-/Dennlerstrasse. Im Hintergrund ist der Utogrund und das Hubertus zu sehen.

ein Begehren von Albisrieden ab. Kam hinzu, dass der Erbauer des Altstetter Strassenstücks seinen Bereich eigenmächtig «Eisenstrasse» genannt und 1899 an der Badenerstrasse sogar eine Strassentafel aufgestellt hatte. Erst 1906 wurde eine definitive Lösung gefunden. Die Gemeinde Altstetten schloss sich Albisrieden an und übernahm die Strasse, so dass die ganze Strasse über die Gemeindegrenze hinweg endgültig offiziell als Dennlerstrasse bezeichnet werden konnte.

August F. Dennler erlebte den kleinen Knatsch um «seine» Strasse nicht mehr. Er starb 1892 mit 59 Jahren an einer Lungenentzündung.

Die bekannte Konfitüre aus der Autogarage

An der Badenerstrasse 543, direkt an der Ecke zur Dennlerstrasse, steht ein unauffälliges, gelb-grünes Haus. In der kleinen Autogarage im Untergeschoss dieses alten Gebäudes begann 1965 ein junger Innerschweizer Käser namens Walter Ottiger fruchtige Konfitüre einzukochen. Er füllte die Orangen-Konfi mit einem emaillierten Blechkrug von Hand in die Gläser ein und verschloss sie mit einer Cellophanfolie. Ottiger kochte stets vor Sonnenaufgang, damit die Wespen und Bienen nicht angelockt wurden. Es war der Anfang eines steilen unternehmerischen Aufstiegs. Heute gehört die Ottiger-Konfitüre mit dem charakteristischen karierten Stoffüberzug auf dem Deckel zu den beliebtesten Konfi-Marken des Landes – die Jahresproduktion beträgt über eine Million Gläser. Walter Ottiger stammte aus dem Kanton Luzern und kehrte 1967 von Zürich wieder in die Heimat zurück. Mittlerweile wird die Konfitüre in Ballwil in dritter Generation produziert. Walter Ottiger begründete in Zürich nicht nur die bekannte Konfitüre, sondern lernte hier auch seine zukünftige Frau kennen, die im Haus der ersten Konfi-Produktion an der Badenerstrasse 543 aufgewachsen war.

In dieser Autogarage wurde die Ottiger-Konfi erfunden.

Die Schweiz gewinnt 4:1 – der höchste Sieg
gegen Deutschland in der Länderspielgeschichte.

DENNLERSTRASSE 43A

Deutschland im Utogrund chancenlos

Das historische Fussball-Länderspiel von 1920

Vor dem Anpfiff lauschten die Zuschauer den Klängen der Harmonie Altstetten, während des Spiels bejubelten sie vier Tore, und nach der Begegnung wurde der Gegner mit herzlichem Applaus verabschiedet. Am 27. Juni 1920 waren 8000 Zuschauer in den Utogrund in Albisrieden gekommen, um die Schweizer Fussballnationalmannschaft gegen Deutschland spielen zu sehen. Der Utogrund gehörte damals zu den bedeutendsten Sportplätzen des Landes, die Stadien Letzigrund oder Wankdorf wurden erst einige Jahre später erbaut.

Das Freundschaftsspiel gegen den nördlichen Nachbarn verlief äusserst fair. Deutschland wollte nicht negativ auffallen, spielte nahezu körperlos und beging während 90 Minuten nur zwei Fouls. Der Schweizer Sport bezeichnete die deutsche Mannschaft unverblümt als «furchtbar anzuschauen». Die Schweiz gewann an diesem Sonntagnachmittag diskussionslos mit 4:1. Es ist bis heute der höchste Sieg gegen Deutschland in der Länderspielgeschichte.

Doch eigentlich hätte das Spiel zwischen der Schweiz und Deutschland 1920 gar nie stattfinden dürfen. Denn die internationale Gemeinschaft wollte Deutschland nach dem Ersten Weltkrieg isolieren – politisch, wirtschaftlich, kulturell und auch sportlich. Die Siegermächte hatten auf der Pariser Friedenskonferenz 1919 Deutschland die alleinige Kriegsschuld zugewiesen. Das hatte auch Auswirkungen auf den Fussball. Der Weltfussballverband Fifa stellte die deutsche Mitgliedschaft ein. Sportliche Kontakte nach Berlin waren fortan verpönt.

Doch Deutschland gab nicht auf. Im April 1920 landete der Deutsche Fussballbund den grossen Coup und vereinbarte mit dem Schweizerischen Fussball- und Athletikverband (SFAV) eine Partie für den Juni – das erste deutsche Länderspiel seit Beginn des Ersten Weltkriegs. Der SFAV reichte Deutschland die Hand zur Versöhnung und verwies dabei auf die Grundsätze der schweizerischen Neutralität. Deutschland liess sich den Match aus propagandistischen Gründen einiges kosten. Die Begegnung auf dem Utogrund wurde vom Auswärtigen Amt in Berlin mit heimlichen Zahlungen unterstützt. Zunächst bewilligte das deutsche Aussenministerium 7000 Reichsmark. Da sich die Schweiz weigerte, die Ausgaben der deutschen Mannschaft auf Schweizer Boden zu übernehmen, wurden kurzerhand nochmals 7000 Reichsmarkt gesprochen.

Nach Bekanntgabe des Länderspiels war die Empörung bei den Siegermächten Frankreich und Grossbritannien gross. Es hagelte Boykottdrohungen gegen die Schweiz. Auch innerhalb des Landes war das Länderspiel umstritten. Die Romandie protestierte, weil der von Deutschschweizern dominierte SFAV ausgerechnet mit dem Kriegsaggressor Deutschland ein Spiel vereinbart hatte. Der westschweizerische Regionalverband

Oben: Heiner Stuhlfauth, die deutsche Goalie-Legende der 1920er-Jahre, ist für einmal vor den Schweizern am Ball.
Unten: Das Länderspiel in Albisrieden lockte die Massen an – in und um das Stadion.

boykottierte die Partie kurzerhand und verbot sämtlichen Nationalspielern seines Einflussbereichs, auf dem Utogrund aufzulaufen. Die Begegnung gegen Deutschland 1920 ging deshalb als Boykottspiel in die Fussballannalen ein. Es war das einzige Länderspiel der Schweizer Nationalmannschaft, das auf dem Utogrund ausgetragen wurde.

Wie damals üblich, wurde die Schweiz von Deutschland auch zu einem Rückspiel eingeladen. In Frankfurt warteten im März 1922 nicht weniger als 40 000 Fans auf die Ankunft der Schweizer Fussballer. Beim feierlichen Akt auf dem Frankfurter Römer fühlten sich die Augenzeugen an eine Kaiserkrönung erinnert. Ein Frankfurter Stadtrat rief in seiner Begrüssungsansprache aus: «Wir Deutsche werden es niemals vergessen, dass die Schweiz zu einer Zeit, wo die ganze Welt gegen uns stand, ihre unbedingt neutrale Haltung nicht verleugnet hat.» Die Partie endete freundschaftlich 2:2.

Der «Utosumpf»: Die erste Heimstätte des FCZ

Der Utogrund war das erste eigene Stadion des FC Zürich. 1912 erwarb der Verein das Grundstück an der Verzweigung Albisriederstrasse/Dennlerstrasse (damals Bergstrasse/Dennlerstrasse) für 55 000 Franken. Der Platz am Fusse der Ausläufer des Uetlibergs wurde «Utogrund» genannt. In der Folge wurde auf dem Areal eine kleine Holztribüne gebaut. Das Spielfeld wurde mit einem Holzzaun umgeben, um Einnahmen generieren zu können. Umkleideräume gab es nicht – dafür wurden Räume in den Restaurants Hubertus oder Alphorn genutzt. Das grosse Problem des Utogrunds war der Boden. Die Lehmschicht unter dem Rasen führte dazu, dass sich bei Regen auf dem Spielfeld unzählige Wasserlachen bildeten. Der Utogrund wurde deshalb von Zeitgenossen auch «Utosumpf» genannt. Die Sportstätte wurde in den 1930er-Jahren neu aufgebaut und steht heute noch. Das Stadion fasst 2850 Zuschauer und gehört der Stadt Zürich.

Ab 1912 das erste FCZ-Stadion: der Utogrund.

Die Mechaniker-Legende Antonio Costantini.

BADENERSTRASSE 531

Vom Einwanderer zum Ritter

Mechaniker Antonio Costantini und seine kleine Ferrari-Werkstatt mit Weltruhm

«Costantini AG – Werkstätte für Hochleistungsfahrzeuge»: 30 Jahre lang prangte das kleine Schild mit schwarzem Schriftzug auf gelbem Grund an einem unscheinbaren Garagentor an der Badenerstrasse 531. Nur die wenigsten wussten, dass hier am Eingang zum Campanellaweg der Meccanico Antonio Costantini arbeitet, eine Mechaniker-Legende von italienischen Sportwagenklassikern. Zusammen mit seiner Ehefrau und Managerin Margret führte er sein Kleinunternehmen zu höchstem Ansehen.

Unzählige historische Autos wurden über die Jahrzehnte in der sagenumwobenen Werkstatt im Blüemliquartier geflickt. 2005 restaurierte Oldtimer-Spezialist Costantini sogar den Ferrari 500 aus dem Jahr 1952. Mit diesem Wagen hatte Alberto Ascari die ersten beiden Weltmeistertitel für den Ferrari-Rennstall gewonnen, selbst im Museum in Maranello steht nur eine Kopie dieses Modells. «Es ist das Höchste, was ein Automechaniker in seinem Leben erreichen kann. Die Arbeit am Ferrari 500 war sehr kompliziert», erklärt Costantini. Auch der GTO der 250er-Baureihe von 1963 war einst in seiner Garage. Dieser Ferrari ist mit 70 Millionen Dollar das teuerste Auto der

Von der Stratosphäre mitten ins Blüemliquartier

Nicht nur Autos wurden im Quartier bestaunt, sondern einmal sogar eine Stratosphäre-Gondel. 1931 stiess der Zürcher Physik-Professor Auguste Piccard als erster Mensch in die Stratosphäre vor, also in jenen Teil der Erdatmosphäre, der über den höchsten Wolken beginnt. Doch das Abenteuer mit dem Ballonflug wurde zum Albtraum. Einerseits musste Piccard auf 4000 Metern Höhe ein Leck in der Wand der Gondel mit Putzfäden und Vaseline abdichten. Andererseits merkte er in gut 15 Kilometern Höhe, dass sich eine Ventilleine verheddert hatte und daher für die Landung kein Gas aus dem Ballon abgelassen werden konnte. Statt wie geplant nach wenigen Stunden wieder in Bayern zu landen, trieb Piccard hilflos in der Luft umher. Zur Not trank er Kondenstropfen von den Wänden. Kurz bevor der mitgeführte Sauerstoff ausging, landete Piccard nach 17 Stunden ziemlich unsanft auf dem Gurgl-Gletscher im Tirol. Er blieb unverletzt. Die Piccard-Gondel wurde im April 1932 nach Zürich transportiert und in der Auto- und Sporthalle ausgestellt. Ein grosser Publikumserfolg – weit über 25000 Menschen besuchten die Ausstellung im Quartier.

Auguste Piccard und seine Stratosphäre-Gondel.

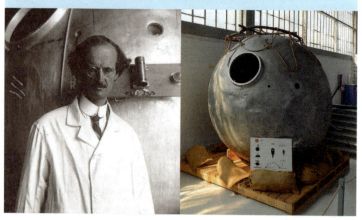

Welt. Das seltene Knowhow von Costantini war derart gefragt, dass sogar ein Scheich seinen sandverkrusteten Wagen nach Zürich fliegen liess, andere Kunden riefen den Meister-Mechaniker nach Johannesburg oder nach Istanbul. Mehr als zwei, drei Aufträge im Jahr nahm Costantini nie an, die hochspezialisierten Aufträge waren zu zeitintensiv. Die letzte Arbeit des Maestros im Quartier war die Restaurierung eines Ferrari 275 GTS – sein grösster Auftrag überhaupt. Ende 2019 war dann Schluss. Costantini verliess seine Werkstatt, sie wurde abgerissen, jetzt werden da neue Wohnungen und das Binelli-Autohaus gebaut.

Costantini stammt aus ganz einfachen Verhältnissen. Er wurde während des Zweiten Weltkriegs in der Provinz Lecce in Apulien geboren. Mit 14 Jahren trat er die Lehre als Automechaniker an. Die Nachkriegszeit war hart am Absatz des Stiefels in Italien, Costantini musste schon früh lernen, wie man selber Werkzeuge schmiedet oder Eigenkonstruktionen baut. Das war sein Glück. 1960 bestieg er wie Tausende Italiener den Zug, um im Norden eine bessere Zukunft zu suchen. Bald fand er eine Anstellung bei einer florierenden Ferrari-Vertretung in Zürich. Die Autos mit dem «Cavallino Rampante» liessen ihn fortan nicht mehr los. Costantini wurde dank seiner speziellen Fertigkeiten zum Schweizer Ferrari-Chefmechaniker und baute so eine treue und wohlhabende Kundschaft auf. Auch im internationalen Rennzirkus wurde man auf den Ruf des Italieners in der Schweiz aufmerksam. Costantini arbeitete regelmässig als Rennmechaniker, unter anderem in der Formel 5000 oder der Formel 3. In den 1970er-Jahren erhielt Costantini sogar ein Angebot von Ferrari aus der Formel 1. Es war die grosse Zeit mit Niki Lauda und Clay Regazzoni. Doch Costantini winkte dankend ab, seine Familie und das Leben in der Schweiz hatten Vorrang.

Während all der Jahre als Automechaniker lernte Costantini auch die legendären Autobauer Enzo Ferrari und Ferruccio Lamborghini kennen. Von letzterem erhielt er gar ein persönlich unterzeichnetes Diplom, das war so etwas wie ein Ritterschlag. Zum richtigen Ritter gekürt wurde Costantini aber erst später, als er sich zusammen mit seiner Frau an der Badenerstrasse schon längst selbstständig gemacht hatte. Denn auch der italienische Staat erkannte seine Verdienste. 2003 wurde er mit dem Orden «Onoroficenza del Ordine della Stella della Solidarietà» dekoriert. «Ich hatte vor Freude Tränen in den Augen», erinnert sich Costantini. Seither darf er sich Cavaliere nennen. 2008 nahm ihn auch der exklusive Klub der Meccanici Anziani Formula 1 in Maranello als Mitglied auf.

Wie es sich gehört, fährt Costantini auch privat Ferrari. Seine beiden Autos 512 BB und 400 GT stehen jetzt einfach nicht mehr an der Badenerstrasse, sondern in seiner neuen Garage mitten in einer Wohnsiedlung im Grünau-Quartier. Costantini denkt auch mit über 80 Jahren noch nicht an den Ruhestand – mittlerweile ist er beratend tätig, grosse Restaurationen macht er nicht mehr.

Seit 2003 darf sich Costantini Cavaliere nennen.

Anhang

Quellennachweis

Max Frisch mit Bertolt Brecht auf dem Sprungbrett
Max Frisch: Tagebuch 1946-1949. Suhrkamp, 1950.
Bertolt Brecht: Arbeitsjournal 1938-1955. Suhrkamp, 1973.
Die Tat, 10. Februar 1978: Max Frisch über Bertolt Brecht.
Neue Zürcher Zeitung, 10. Februar 2018: Das historische Bild.
etheritage.ethz.ch: Tobias Amslinger, Claudia Briellmann: Wie Max Frischs Nachlass an die ETH kam.
Swissinfo.ch: Das Schweizer Exil hat Brecht nicht glücklich gemacht, 2006.
Srf.ch/kultur: 70 Jahre Letzibadi, «Eine erfrischende Oase in der Häuserwüste», 2019
baunetz-id.de: Echt frisch! Ein Freibad in Zürich, 2007.
www.hochhaeuser.stadt-zuerich.ch
Tages-Anzeiger, 14. Juni 2011: Der lange Weg zum Wolkenkratzer.

30 Revolverschüsse an der Tramhaltestelle
Christian Koller: Der Arbenzstreik von 1906 in mikro- und kulturhistorischer Perspektive, in: Historische Anthropologie 11, 2003.
Christian Koller: Zürichs Kosakenzeit: der Streiksommer 1906 und seine Folgen, in: Rote Revue, 3/2006.
Christian Koller: Streikkultur: Performanzen und Diskurse des Arbeitskampfes im schweizerisch-österreichischen Vergleich (1860–1950). Lit-Verlag, 2009.
Neue Zürcher Nachrichten, 2. Juli 1906: Kritische Streiklage in Zürich.

Täglicher Anzeiger für Thun und das Berner Oberland,
   5. Juli 1906: Kantone.
Neue Zürcher Zeitung, 17. Juli 1906: Lokales.
Tages-Anzeiger, 30. Dezember 2014: Im Turicum
   durch die Stadt.
Baukultur in Zürich. Band 4. Wiedikon, Albisrieden,
   Altstetten. Hochbaudepartement Stadt Zürich, 2005.
Quartierspiegel Albisrieden 2015, Stadt Zürich
   Präsidialdepartement.

Der Brand vom Letzigrund
Michael Lütscher: FCZ. Eine Stadt, ein Verein, eine
   Geschichte. Verlag Neue Zürcher Zeitung, 2010.
Neue Zürcher Nachrichten, 4. November 1929: Die Zürcher
   Sportplatz-Tribüne «Letzigrund» in Flammen.
Neue Zürcher Zeitung, 4. November 1929: Brand einer
   Sportstribüne.
FCZ-Museum, Ausstellungstext zum Sportfest im
   Letzigrund, 2011.
WOZ, 5. Oktober 2017: Elemente einer Parallelgesellschaft.

Der Galgen von Zürich
Andreas Motschi, Christian Muntwyler, Elisabeth
   Langenegger, Sabine Deschler-Erb, Barbara Stopp:
   Römische Villa, Galgen und Wasenwinkel: Archäologie
   im Freibad Letzigraben in Zürich-Albisrieden.
   Archäologie der Schweiz, 2006.
Suter, Meinrad: Kantonspolizei Zürich 1804-2004. 2004.
Zürcherische Freitagszeitung, 30. März 1810.
Limmattaler Zeitung, 24. Juli 2016: Der letzte Dieb am Zürcher
   Galgen: Nach Melchior Dürr baumelte niemand mehr.
Quartierspiegel Albisrieden 2015, Stadt Zürich Präsidialdepar-
   tement.

Die Raser von der Edelweissstrasse

Fritz Hermann: Chronik, 50 Jahre Eigenheimvereinigung Schneeglöggliweg-Edelweissstrasse 1937–1987. Selbstverlag, 1987.

Neue Zürcher Nachrichten, 11. August 1987: «Stadtrat Aeschbacher hatte immer Zeit für uns».

Neue Zürcher Zeitung, 21. August 1985: Verkehrsberuhigung in Wohnquartieren.

Neue Zürcher Nachrichten, 17. September 1964: Innerortshauptstrassen-Netz in Zürich.

Die Tat, 21. Mai 1962: Kirchgemeindeversammlungen.

Die Tat, 19. Dezember 1961: Kirchgemeindeversammlungen.

Bruno Maurer/Werner Oechslin: Dokumente zur modernen Schweizer Architektur. Ernst Gisel Architekt, 1993.

Neue Zürcher Zeitung, 8. Mai 2021: Ernst Gisel war ein echter Homo Faber.

«Drauf bog er um den Albisrank»

Werner Stauffacher: Carl Spitteler. Biographie. Artemis, 1973.

Gesammelte Werke, Carl Spitteler: Geleitband X.1. Artemis, 1958.

Peter von Matt, Philipp Theisohn, Stefanie Leuenberger: Carl Spitteler. Erzähler, Denker, Redner. Nagel & Kimche, 2019.

Zeitung Sonntag, 9. Mai 2019: Zu Unrecht vergessen.

Die Tat, 8. März 1969: Am Uetliberg, im Züripiet.

Quartierspiegel Albisrieden 2015, Stadt Zürich Präsidialdepartement.

Zwei Tote im Menschenzoo

Rea Brändle: Wildfremd, hautnah. Völkerschauen und Schauplätze Zürich 1880-1960. Rotpunkt-Verlag, 2013.

Züri West Quartierzeitung, 25. April 2019: Vom «Negerdorf» und seinen Opfern.

Journal Hauptbuch, Altstetten, 1925.

«Völkerschauen» in der Schweiz, www.mirsindvoda.ch, 2020.
Neue Zürcher Zeitung. 17. August 1925: Negerdorf.
Neue Zürcher Zeitung. 28. September 1925: Abreise des
    Negerdorfes.
Bote vom Untersee und Rhein, 25. August 1925:
    Die Bestattung des Negerjünglings.

Fitness-Pionier Gottfried Grüneisen
Gottfried Grüneisen: Mein Weg zum Sport.
    Selbstverlag, 1947.
Fritz Hermann: Chronik, 50 Jahre Eigenheimvereinigung
    Schneeglöggliweg-Edelweissstrasse 1937–1987,
    Selbstverlag, 1987.
Neue Zürcher Zeitung, 13. Januar 1984: Gottfried
    Grüneisen gestorben.
Neue Zürcher Zeitung, 6. April 1933: Ringkämpfe in Zürich.
Neue Zürcher Nachrichten, 11. Januar 1930:
    Eine Automarkthalle in Altstetten.

Eine U-Bahn-Station im Quartier
Werner Huber: Wenn Zürich von der U-Bahn träumt.
    Hochparterre, 2016.
Stadtarchiv: Pläne der Haltestelle Letzigraben.
Dr. Felix Bosshard, Max Peter, René Koller: Die Tram-,
    Bus- und Quartiergeschichte in Aussersihl.
    Selbstverlag, 2017.
Fritz Hermann: Chronik, 50 Jahre Eigenheimvereinigung
    Schneeglöggliweg-Edelweissstrasse 1937-1987,
    Selbstverlag, 1987.

Warum der Cyklamenweg einst Maierisliweg hiess
Gang dur Züri, Strassenverzeichnis, www.gebrueder-duerst.ch.
Gemeinderatsbeschluss Altstetten 1933. https://www.gis.
    stadt-zuerich.ch/zueriplan_docs/Strassennamenbuch/
    PROD/102_Grb_AL_1933_717.pdf

Fritz Hermann: Chronik, 50 Jahre Eigenheimvereinigung Schneeglöggliweg-Edelweissstrasse 1937–1987, Selbstverlag, 1987.
Neue Zürcher Zeitung, 11. Juni 2009: 75 Jahre nach der Eingemeindung darf richtig gefeiert werden.

Vom Schneeglöggliweg in die Luxuswelt

Nina Zumthor: Die Frau des Direktors. Annelise Leu, die Schweizer Hotelpionierin. elfundzehn, 2016.
Neue Zürcher Zeitung, 25. Januar 2017: Gastgeber Hans C. Leu ist gestorben.
NZZ am Sonntag, 29. Januar 2017: Ungewöhnlicher Gastgeber. Nachruf.
Neue Zürcher Zeitung, 15. Oktober 2020: Eine respektierte Diplomatin.
Tages-Anzeiger, 15. Oktober 2020: Ihr Platz ist ganz oben.

Deponiert an der Dennlerstrasse

Die Tat, 21. April 1966: «Heureka» ist in Zürich.
Neue Zürcher Nachrichten, 22. April 1966: Tinguelys «Heureka» in Zürich eingetroffen.
Neue Zürcher Nachrichten, 23. November 1966: Wer erhält den schwarzen Leerlauf-Peter?
Neue Zürcher Zeitung, 3. März 1967: Tinguelys «Heureka» am Zürichhorn.
Tages-Anzeiger, 14. Juli 2021: Eine tosende, weisse Wand, Weltuntergangsstimmung.
Tages-Anzeiger, 30. Juli 2021: Um 01.45 Uhr schlug die Superzelle ein, der Downburst stürzte über die Albiskette.

Als ein Chauffeur sein Tram verlor

Bruno Gisler: Tram- und Buslinien in Zürich. Verein Trammuseum Zürich, 2012.
Dr. Felix Bosshard, Max Peter, René Koller: Die Tram-, Bus- und Quartiergeschichte im Aussersihl. Selbstverlag, 2017.

Neue Zürcher Zeitung, 14. September 1972: Führerloses
   Tram prallt gegen ein Schulhaus.
Tages-Anzeiger, 14. September 1972: Ein einziger
   Passagier sass im Anhängerwagen.
Tages-Anzeiger, 18. September 1974: Wagenführer
   erhielt nur eine kleine Busse.
Neue Zürcher Nachrichten, 14. September 1972: Tramzug
   führerlos entgleist.
Blick, 11. Oktober 1972: Hilfe, meine Trambahn ist weg!
Quartierspiegel Albisrieden 2015, Stadt Zürich Präsidial-
   departement.

Der erste Alpenkräuter-Magenbitter der Schweiz
August F. Dennler: Bitter-Album, Denkschrift. Feier des
   25jährigen Bestandes des Geschäftes, 1886.
Protokoll der Gemeindeversammlung 1900–1912, S. 180;
   VI.AT.C.3.:5
Gemeinderatsprotokoll 1901–1904, S. 79; Archivsignatur
   VI.AT.C.1.:13
Gemeinderatsbeschluss Altstetten 1900.
   https://www.gis.stadt-zuerich.ch/zueriplan_docs/
   Strassennamenbuch/PROD/2633_Grb_AL_1900_250.pdf
Christoph Studer: Dennler Bitter Aarmühle und
   Interlaken, 1861 – 2000. www.studer-schweiz.ch/
   downloads/dennler.pdf

Deutschland im Utogrund chancenlos
Christian Koller: Sternstunden des Schweizer Fussballs.
   Lit Verlag, 2008.
Daniel Schaub, Michael Martin: Das goldene Buch
   des Schweizer Fussballs. Rotweiss, 2014.
Michael Lütscher: FCZ. Eine Stadt, ein Verein, eine
   Geschichte. Verlag Neue Zürcher Zeitung, 2010.

Vom Einwanderer zum Ritter

Neue Zürcher Zeitung, Beilage Automobil, 11. März 2003: Wiederherstellungschirurg für rare Ferraris.

Tagblatt der Stadt Zürich, 26. Januar 2011: Der Chirurg, der am Ferrari-Puls fühlt.

Neue Zürcher Zeitung, 26. Juli 2012: Kompromisslos wie Enzo und Ferruccio.

Neue Zürcher Zeitung, 28. Mai 2018: Professor Bienlein über den Wolken.

Neue Zürcher Zeitung, 13. September 2019: Ein Autoversteher macht Schluss.

Weltwoche, Sonderheft Auto Spezial 2020, 9. April 2020: Magier der Mechanik.

Bildnachweis

AfS/Archäologie, Oliver Lüde: S.67
Akademie der Künste, Berlin, Bertolt-Brecht-Archiv,
 Fotoarchiv 69/001.11, © by Ruth Berlau/Hoffmann: S. 48
Alberto Cirigliano: S. 124, 129
Archiv des Autors: S. 57 (oben), 74, 98, 105
Archiv des Verlags: S. 112
Baugeschichtliches Archiv der Stadt Zürich: S. 51, 53, 54, 57
 (unten), 59, 73, 78, 86, 89, 94, 102, 111, 115, 123:
Baugeschichtliches Archiv der Stadt Zürich,
 Ad Astra-Aero: S. 83
Baugeschichtliches Archiv der Stadt Zürich,
 Tiefbauamt Zürich: S. 109
Das goldene Buch des Schweizer Fussballs: S.118/121
Gottfried Grüneisen, Mein Weg zum Sport: S.84
Stadtarchiv Zürich: S. 90, 106
Stadtpolizei Zürich: S. 63
Stadt Zürich: S. 97
Urs Bolz, Zürich: Umschlag, S. 8/9, 14–45, 68, 70, 117
Wick, Johann Jakob: [Sammlung von Nachrichten
 zur Zeitgeschichte aus den Jahren 1560–87
 (mit älteren Stücken)]. [Zürich], [1564–1569].
 Zentralbibliothek Zürich, Ms F 17,
 https://doi.org/10.7891/e-manuscripta-16409 /
 Public Domain Mark: S. 64
Wikimedia Commons: S. 77, 101, 126

Der Autor

Benedikt Widmer, *1981, ist Journalist bei SRF.
Er hat ein Studium der Publizistik, Sozialgeschichte
und Politikwissenschaft an der Universität Zürich
absolviert und lebt seit 2001 in der Stadt,
seit 2015 im Blüemliquartier. 2011 publizierte er
als Co-Autor das Buch «Das Spiel meines Lebens»
über 50 Schweizer Fussballer und ihre
schönsten 90 Minuten.

Weitere Geschichten aus Zürich im Th. Gut Verlag

Mary Apafi zeichnet ein einfühlsames Stimmungsbild aus dem Bürgertum, wie es in den 1940er- und 1950er-Jahren das Leben in Zürich Unterstrass prägte. Ein herrliches Buch zum Lesen und Vorlesen, zum Träumen und Erinnern, kurzum: Zürich von seiner liebenswertesten Seite.

Mary Apafi
Morsezeichen über Zürich
Eine Jugend am Fusse des Zürichbergs
978-3-85717-279-3